COMO DESTRUIR UNA EMPRESA EN 12 MESES... O ANTES.

Errores y Omisiones de la Dirección

Segunda Edición

EDICIONES PODER

Sobre el Autor

El Dr. Luis Castañeda es autor de 16 libros. Escribe artículos para revistas de México y del extranjero y es conferencista internacional. También es comentarista de radio. Es empresario y ha rehabilitado varias empresas quebradas o al borde de la quiebra. Su experiencia abarca las industrias química, metalmecánica y editorial. Es cofundador y ex-presidente de Desarrollo Empresarial Mexicano (Sistema DESEM), filial de Junior Achievement, Inc.

COMO DESTRUIR UNA EMPRESA EN 12 MESES ... O ANTES
SEGUNDA EDICION

D. R. © 1991, 1994 Luis Castañeda Martínez

Editada por:
JOSE ZOROASTRO NUÑEZ CARRANZA
Edificio 21 Ent. H. Depto. 101
Unidad Lindavista Vallejo
07720 - México, D.F.

Segunda edición: 1994
Tercera reimpresión: 1997

Printed in Mexico
Impreso en México
ISBN 968-6701-08-7

Prohibida la reproducción parcial o total por cualquier medio sin autorización por escrito del autor.

Prefacio a la Segunda Edición

Vaya mi agradecimiento más sincero a todas las personas que por vía telefónica o en mis conferencias me sugirieron errores y omisiones adicionales. Gracias a ellas ahora puedo presentar una nueva edición de COMO DESTRUIR UNA EMPRESA EN DOCE MESES... O ANTES.

Además de incluir causas de fracaso empresarial adicionales, en esta edición también introduzco varios apéndices que enriquecen el libro y lo hacen más útil para empresarios y ejecutivos. Uno de esos apéndices es el referente al plan de negocios, herramienta vital para todo aquél que piense iniciar un negocio, porque le ayudará a plantearse todo aquello que puede significar el éxito o el fracaso de su aventura empresarial. En su edición anterior, el libro ayudó a muchos empresarios a rescatar su negocio cuando estaba al borde de la quiebra. Espero que esta edición también ayude a los empresarios en potencia a iniciar su negocio, con conocimiento de causa, para evitar serios tropiezos en el futuro.

Otra característica importante de esta nueva edición es que contiene una serie de temas de especial interés para empresarios directores, ya que recibí llamadas y visitas de varias personas que me manifestaron los problemas que tienen siendo dueños y directores del negocio al mismo tiempo.

Como antes, deseo ponerme a sus órdenes para conocer sus sugerencias y para concertar conferencias, para lo cual le pido al amable lector escribirme al Apartado Postal No. 48-A, Centro Cívico, Ciudad Satélite, Edo. de México, C.P. 53101 o, bien, localizarme en las oficinas de Panorama Editorial.

Tabla de Contenidos

Sobre el Autor 2
Prefacio 3

Errores y Omisiones en el Area de Dirección 11
No Preparar un Plan de Negocios Antes de Crear
   la Empresa 12
Iniciar la Empresa con Insuficiente Capital 13
No Involucrar al Consejo de Administración 14
No Tener un Modelo de Dirección 15
No Tener Preparación Administrativa 16
No Contratar un Gerente Cuando la Empresa Crece 17
No Cederle Suficiente Poder al Gerente General 18
Creer que la Planeación es sólo para las Empresas
   Grandes 19
No Involucrar a Todos los Niveles de la Organización
   en el Proceso de Planeación 20
No Tener Visión del Futuro 21
No Definir la Misión de la Empresa 21
No Conocer las Fuerzas y Debilidades de la Empresa 23
No Identificar las Amenazas y Oportunidades
   Presentes en el Entorno 23
No Conocer los Factores Clave de Exito del Negocio 24
No Tener Consistencia entre la Estrategia, la Misión,
   los Objetivos y los Principios de la Empresa 25
Dejar que la Cultura Organizacional se Forme
   por sí Sola 27
No Contar con una Guía de Políticas Corporativas 28
No abandonar a Tiempo una Estrategia Inadecuada 29

Centralizar Demasiado las Decisiones 29
Anteponer sus Intereses Personales a los de la
Empresa 30
No Aprender de las Lecciones del Pasado 31
Crecer sin Contar con los Recursos Necesarios para
Sostener el Crecimiento 32
Pasar por Alto Indicios de Problemas Graves 32
Creer que el Tamaño de una Empresa es la Prueba de
su Exito 33
Resistirse a Adoptar Nuevas Tecnologías 34
Dar Mayor Importancia a los Resultados a
Corto Plazo 35
Permitir que los Exitos Pasados Paralicen la
Innovación 35
Creer que lo que Funciona Hoy Seguirá Funcionando
Mañana 36
Tratar de Abarcar Demasiado 37
No Modificar la Manera de Administrar Cuando los
Tiempos Cambian 38
No Fomentar la Innovación en la Empresa 39
Arriesgar Más de lo que la Empresa Puede Resistir
en Caso de Fracasar 40
No "Apretarse el Cinturón" en Tiempos Malos 41
Creer que un Gerente Puede Manejar Cualquier
Tipo de Negocios 43
Tratar de Dirigir la Empresa Sólo a Base de
Números 44
Confiar Demasiado en una Técnica Gerencial
de Moda 45
Iniciar un Negocio sin Conocerlo o sin Contar con
una Ventaja Competitiva 46
Participar en Negocios Ilegales 47
No Reconocer los Síntomas de una Crisis en Puerta 48

Sentarse a Esperar el Paso de una Recesión 49
No Reconocer el Impacto de las Nuevas Tecnologías
   en la Empresa 50
No Generar Sentido de Urgencia en la Organización 50
Permitir que la Codicia lo Ciegue 51
Ser Complaciente con los Resultados 52
Ser Inflexible en la Aplicación de las Políticas 53
Seleccionar Equivocadamente a sus Ejecutivos 54
No Formar Cuadros Medios de Gerencia 55
Demorar Decisiones Desagradables 56
No Preparar un Sucesor 57
Creerse Omnipotente 58
Usar su Posición para Beneficio Personal 60
No Estar en el Centro de la Acción 60
Enriquecer a los Dueños al Tiempo que la Empresa
   se Empobrece 61
Permitir Conflictos de Interés 62
Ser Fuente de Contaminación y no Hacer Nada o lo
   Suficiente para Reducirla o Eliminarla 63
No Instalar un Programa de Calidad Total en la
   Empresa 64
Dar Motivos para Ser Secuestrado 65
Resistirse a Formar Alianzas 66

Errores y Omisiones en el Area de Finanzas y Administración 67

Administrar las Funciones en Vez de los Procesos 68
No Contar con un Manual de Políticas Generales 69
Creer que el Presupuesto Anual es el Unico Plan
   que la Empresa Necesita 70
Presupuestar Sobre Bases Falsas 71
Presupuestar Solamente Mediante la Extrapolación
   de Resultados Anteriores 72

No Tener Sistemas de Control Adecuados 73
No Contar con un Sistema Oportuno de Información
    Financiera y Operacional 74
No Tomar en Consideración los Efectos de
    la Inflación 75
No Utilizar Costos de Reposición en la Fijación de
    Precios 76
No Prestar atención al Balance General 77
No Vigilar la Calidad de las Utilidades de la Empresa ... 77
Tener un Apalancamiento Financiero Excesivo 78
No Identificar qué Actividades Producen Dinero y
    cuáles lo Consumen 79
No Prestar Atención Suficiente a la Disponibilidad
    de Efectivo 80
No ser Agresivo para Cobrar 81
No Vigilar la Nómina.. 82
No Reducir los Gastos de Operación Cuando se
    Anticipa una Baja de Ventas 83
No Prestar Atención a los Gastos Pequeños 84
Permitir que los Costos y los Gastos Aumenten más
    Rápidamente que las Ventas 85
No Controlar los Gastos de Viaje y de
    Representación 86
No Revisar los Egresos con Frecuencia 87
Pagar Comisiones Antes de Cobrar la Venta 87
Inmovilizar el Capital en Productos de Venta Lenta
    u Obsoletos 88
No Contar con Buena Planeación Fiscal 89
Aceptar Contratos Desfavorables para la Empresa 89
Tratar de Evadir al Fisco 90
No Tener Asegurados los Activos Adecuadamente 91
No Tener Afianzados a los Empleados
    que manejan Valores 92

Errores y Omisiones en el Area Comercial 93

No Conocer los "Momentos de la Verdad" de su Empresa 94
No Contar con un Plan para Dirigir las Actividades Comerciales 95
Creer que las Ventajas Competitivas son Eternas 96
Malinterpretar los Resultados de la Investigación de Mercados 97
No Escuchar al Cliente 98
No Tomar Realmente en Cuenta las Necesidades y Gustos Cambiantes del Consumidor 98
Tener un Solo Cliente 99
Orientarse más a la Tecnología que a los Clientes 100
Creer que la Venta Termina Cuando el Cliente Firma el Pedido 101
Otorgar Créditos Inconsistentes con la Capacidad de Pagos de los Clientes 102
Creer que el Departamento de Ventas es el Unico Responsable de Vender 103
No Prestar Atención al Entrenamiento de Vendedores y Personal Asociado con el Servicio al Cliente 104
Creer que el Precio es el Factor más Importante de un Producto 105
Temer Aumentar los precios 106
No Determinar el Costo Real de Cada Venta 107
No Conocer las Razones Principales por las que se Vende su Producto 108
Creer que sus Productos se Venden Solos 109
No Tratar de Diferenciar el Producto 110
No Querer Reconocer que un Producto o Línea de Productos ha Terminado su Ciclo de Vida 111
Depender de un Solo Producto 112

Otorgar Garantías Superiores a la Confiabilidad
   del Producto 113
Creer que Sólo se Compite Contra Fabricantes del
   Mismo Tipo de Producto 114
Subestimar a la Competencia, Especialmente a
   la Pequeña 115
Reaccionar Tardíamente a las Acciones de la
   Competencia 116
No Reconocer el Valor de la Promoción
   de "Boca a Oído" 117
No Tener un Sistema de Servicio de Calidad
   al Cliente 118

Errores y Omisiones en el Area de Personal 119

No Facultar al Personal 120
No Reconocer que los Empleados Representan el
Recurso más Importante de la Empresa 121
Contratar Personal sin Hacer una Selección Cuidadosa . 122
Creer que los Empleados sólo Trabajan por Dinero 122
Tener Favoritismo entre el Personal 123
Dar Preferencia a unos Departamentos sobre Otros 124
No Repartir Equitativamente las Cargas de Trabajo
   entre todo el Personal 125
Tener una Estructura de Sueldos Injusta 126
No dar Importancia a la Capacidad del Personal 127
No Disciplinar cuando es Necesario 128
Permitir que el Rumor sea el Medio de
   Comunicación en la Empresa 129
Creer que se Pueden Ganar Todas las Demandas
   Laborales 130

Errores y Omisiones en el Area de Operaciones 131
Dejar la Responsabilidad de la Productividad Sólo
  en Manos de los Empleados 132
No Integrar la Calidad en el Diseño del Producto
  y en los Procesos de Producción 133
Reducir el Costo del Producto a Costas de la Calidad .. 133
No Tratar de Estandarizar las Partes o Componentes
  del Producto 135
Adquirir Equipo Costoso Inadecuado para las
  Necesidades de la Empresa 135
Utilizar Materia Prima y Componentes de Difícil
  Adquisición 136
No Renovar el Equipo cuando es Requerido 137
Depender de un Solo Proveedor 138
Subutilizar los Activos de la Empresa 140
Crear Inventarios de Alto Riesgo 140
No Contar con un Sistema Adecuado para el
  Control de los Inventarios 141
Utilizar Materiales de Menor Calidad o Resistencia
  que lo Especificado 142
No Revisar Periódicamente la Estructura
  Organizacional y los Procesos de la Empresa 143

Apéndices de Autoconsultoría 145
Los Síntomas de las Crisis Empresariales 147
El Perfil de la Empresa Sana 149
Prontuario para la Prevención de Problemas 151
El Plan de Negocios 157

Errores y Omisiones en el Area de Dirección

No Preparar un Plan de Negocios Antes de Crear la Empresa

Se podría decir que una buena parte de los que inician negocios lo hacen más por ilusión que por conocimiento de lo que hacen. Muchos crean empresas porque se han quedado sin empleo; otros, porque en donde trabajaban descubrieron un método para hacer algo de mejor manera o identificaron alguna necesidad insatisfecha en el mercado.

Cualquiera que sea la razón, el empresario novel hace acopio de sus ahorros, o de su indemnización si fue cesado en la compañía donde trabajaba, y se "lanza al ruedo" imaginando que al cabo de tan sólo un año será millonario y aclamado como un gran empresario.

Para muchos de estos empresarios la ilusión dura poco porque es muy probable que ni siquiera vean viva a su empresa al término de un año. ¿La razón?, porque no tomaron en cuenta todos los factores que determinan— ya no digamos el éxito futuro de la empresa— sino su supervivencia durante el tiempo necesario para consolidarla.

Dicho en otra forma, fracasan tempranamente porque no preparan un plan de negocios, herramienta vital de todo aquel que desea iniciar una compañía. Si de por sí la probabilidad de que la empresa esté viva al final de un año de operaciones es mínima, cuando no se apoya su creación con un plan, las posibilidades son todavía menores.

Un beneficio adicional de un plan de negocios es que permite al empresario conocer desde el principio si la empresa tiene posibilidades de prosperar, porque considera todos los elementos que intervienen en el desarrollo saludable de una compañía, especialmente el financiero, que es el factor crítico de toda empresa que comienza. En el apéndice se incluye el cuestionario básico para todo plan de negocios.

Iniciar la Empresa con Insuficiente Capital

Por no preparar un plan de negocios antes de iniciar su compañía, el empresario no determina con precisión la cantidad de dinero que requerirá desde el principio y hasta que la compañía genere recursos para ser autosuficiente. Por esta razón, cuando se entera, ya no tiene dinero ni para pagar los sueldos de su personal, ya no digamos para pagar a los proveedores. A partir de allí la bancarrota sólo es cuestión de tiempo, a menos de que haga un replanteamiento del negocio y obtenga fondos frescos para sacar a la empresa de la barranca.

Mi primera aventura empresarial fracasó justamente por esta causa. He conocido a muchos empresarios ilusionados que han visto sus sueños hacerse pedazos cuando, en muy poco tiempo, se han quedado sin dinero y han tenido que cerrar las puertas de su compañía al no poder conseguir financiamiento. ¿Y quién le presta al que está al borde de la quiebra? ¿Qué garantía tiene el acreedor de que volverá a ver su dinero?

El problema de una quiebra empresarial no es sólo para el dueño de la compañía, sino también para la sociedad porque parte de su riqueza se hace humo, y porque muchas familias se quedan sin ingresos, al menos por algún tiempo.

Lo más doloroso en muchos casos es que el proyecto del negocio es viable y deseable, pero fracasa por un error de apreciación del empresario, cuya ilusión y falta de previsión le hizo pensar que el dinero le alcanzaría hasta que la empresa generara sus propios recursos. Otra secuela de este tipo de fracaso es que el empresario puede quedar tan frustrado que no vuelve a intentar otra aventura empresarial, con lo que priva a la sociedad de otra fuente de empleos.

No Involucrar Al Consejo de Administración

El Consejo de Administración, como su nombre lo indica, debe participar activamente en la dirección de la empresa. Por desgracia, es frecuente que los Consejos de Administración sólo sirvan de adorno.

Muchos consejeros se presentan mensualmente en la empresa, eso sí muy puntuales, a escuchar, de boca del director general, lo bien que marcha la empresa. Algunos hacen preguntas, más por remordimiento que por verdadero interés, y sin profundizar, mientras otros cabecean.

Al término de la reunión, los consejeros felicitan al director por su "extraordinaria" labor, recogen su honorario, se toman uno o dos tragos acompañándolos con un par de bocadillos y no vuelven a pensar en la empresa sino hasta la siguiente junta, el mes siguiente.

Mientras tanto, el director general hace lo que le da la gana, porque no se siente vigilado por el Consejo; y si no es eficaz y honrado, puede llevar a la empresa a la quiebra. ¿Y el Consejo? Bien, gracias.

Un buen consejero no se conforma con escuchar el discurso alabatorio del director. Revisa los estados financieros, hace preguntas profundas que cuestionen los argumentos del director, visita las plantas y oficinas y platica con los empleados acerca de sus percepciones y pensamientos sobre la empresa. También visita a algunos clientes y les pide su opinión acerca de la compañía y sus productos Además, utiliza los productos de la empresa. En pocas palabras, se interesa por el negocio, como le corresponde por ser miembro de su Consejo de ADMINISTRACION.

No Tener un Modelo de Dirección

Todo en el mundo requiere de un cierto orden. Cuando una organización varía continuamente su manera de operar, tarde o temprano cunde la confusión y empiezan los problemas.

Los problemas que se presentan son de varios tipos, entre los cuales podemos referir los siguientes: el personal se resiente cuando le "cambian la jugada" con frecuencia. Por ejemplo, cuando las políticas y los procedimientos son modificados frecuentemente —eso si se tienen procedimientos y políticas— los empleados se confunden, pues más tardan en aprenderlos que en recibir nuevas directivas. Con el tiempo, o ignoran los procedimientos y hacen las cosas como mejor pueden o, de plano, renuncian y se van a otra empresa.

Todo modelo o sistema de dirección debe estar diseñado de acuerdo a las condiciones de la empresa y del entorno, y sólo debe cambiarse cuando esas condiciones varían sustancialmente y hacen obsoleto o inadecuado el modelo vigente.

Cuando una empresa despide al director general y contrata uno nuevo, no siempre es conveniente que éste cambie el modelo de dirección, puesto que no necesariamente el fracaso del anterior se debió a que el modelo era malo, sino a que el director anterior no supo o no pudo aplicarlo con eficacia. Este punto es importante porque muchas veces un nuevo director, al tratar de cambiar el modelo, termina por crear problemas más graves que los que motivaron el despido del otro director.

Todo director de empresa debe tratar de identificar el modelo de dirección que está utilizando, para documentarlo; así podrá hacer ajustes planeados cuando las circunstancias lo demanden.

No Tener Preparación Administrativa

Hasta la tienda de abarrotes de la esquina necesita administración profesional. En un mundo tan competido como el actual, el gerente improvisado es candidato a ser huésped del Jurassic Park. Tarde o temprano va a desaparecer como los dinosaurios porque no puede sobrevivir en un entorno que le es hostil.

Muchos empresarios creen que mientras su empresa no sobrepase un cierto nivel de ventas, no necesita mayor preparación administrativa. Quizás estaría en lo correcto si su empresita estuviera sola en el mundo, con todo el mercado para él solo. Pero aún así podría perder dinero por falta de una buena administración.

Para acabar pronto, no hay justificación alguna para que el empresario no se prepare. Y menos ahora que abundan los cursos, los seminarios y los diplomados, que en un tiempo relativamente corto pueden elevar sustancialmente la destreza administrativa de los estudiantes.

No se trata de que el empresario sea experto en todas las funciones de la empresa, pero sí debe conocer los fundamentos de finanzas, de mercadotecnia, de producción, de ventas, de recursos humanos, de estrategia corporativa, de la calidad total y de administración general, para poder tomar decisiones correctas y oportunas, y poder conducir a la empresa por las aguas tormentosas de la nueva economía.

También es importante que el empresario pueda comunicarse en el idioma inglés y que conozca técnicas de negociación, de oratoria, de organización y planeación personal, de liderazgo y otros métodos que le permitan aumentar su eficacia directiva y su habilidad emprendedora.

No Contratar un Gerente Profesional Cuando la Empresa Crece

Cuando una empresa alcanza un cierto tamaño y el empresario ya no está capacitado para dirigirla con eficacia porque no quiere prepararse más o porque tiene otros negocios que atender, la compañía puede quedar expuesta a graves peligros, que incluso le pueden costar la quiebra.

Muchos empresarios no se dan cuenta de lo anterior y persisten en tratar de dirigir su compañía, aunque lo hacen mal, primero, porque ya no saben hacerlo y, segundo, porque ya no tienen tiempo y tampoco la concentración mental requerida, pues están pensando también en sus otros negocios. El resultado es que la empresa empieza a perder efectividad y, con el tiempo, dinero también.

Muchos empresarios que se han encontrado en esa situación se han resistido a contratar a un gerente profesional, por varias razones, entre las que se encuentran dos muy importantes: Por desconfianza, porque creen que los van a robar. Y por orgullo, porque no quieren reconocer su incapacidad.

Así, quedan atrapados entre su desconfianza y su orgullo hasta que se van a pique junto con la empresa y los empleos que con tanto trabajo habían creado.

Un gerente profesional bien seleccionado puede ser no sólo un descanso para el empresario sino también una oportunidad para que la empresa logre un desarrollo sostenido, con lo que el empresario podrá obtener recursos para nutrir su espíritu emprendedor. Pero, repito, ese gerente debe ser muy bien seleccionado, si no, sólo será una fuente de problemas muy graves que, después, el empresario deberá resolver, y el remedio habrá sido peor que la enfermedad.

No Cederle Suficiente Poder al Gerente General

Muchos empresarios, cuando finalmente se deciden a contratar a un gerente profesional, no le dan la autoridad requerida para que pueda desempeñar su trabajo con eficacia. Siguen ellos siendo los gerentes generales, y quienes debieran serlo se convierten en asistentes. Con el tiempo, como es lógico, esos profesionales de la administración terminan renunciando, y los empresarios, al no contar con la ayuda de aquellos, terminan con el hígado y el duodeno hechos pedazos.

Un caso muy documentado de la incapacidad para ceder el poder necesario al gerente profesional es el relacionado con Steve Jobs, el fundador de Apple Computer. El Sr. Jobs contrató a John Sculley, a la sazón director de mercadotecnia de Pepsico. Sin embargo, nunca le soltó totalmente las riendas del negocio hasta que, finalmente, John Sculley logró convencer al Consejo de Administración de la compañía y al cuadro directivo para que despidieran a Jobs de los puestos de presidente del Consejo y de vicepresidente y director general de la división Macintosh. En este caso, el que salió fue el empresario, y el gerente profesional permaneció en la empresa.

Cuando el empresario es el principal propietario del negocio, el gerente profesional será el que salga, pero el más perjudicado será el empresario porque tendrá que enfrentar solo los problemas que creyó poder dejar en manos de otra persona, pero que no pudo por su falta de confianza y voluntad para ceder la suficiente autoridad al gerente. Tal vez vuelva a contratar a otro gerente, pero si no cambia su actitud y decide, de una vez por todas, alejarse lo necesario del negocio, regresará a las andadas, y la historia se repetirá hasta que se vea obligado, por razones de salud, a dejar el negocio totalmente en manos de otro.

Creer que la Planeación es sólo para las Empresas Grandes

En épocas de incertidumbre, como las que vivimos actualmente, planear no es un lujo que sólo las empresas grandes pueden darse. De hecho, se puede afirmar que es más necesario para una empresa mediana o pequeña, porque por su tamaño, es más vulnerable a las fuerzas del entorno, que una que tenga grandes recursos. Una empresa que no controla su destino mediante la planeación y formulación de estrategias adecuadas puede ser una víctima indefensa de los cambios del mercado, de la economía y de otros elementos del entorno así como de los ataques de la competencia.

Toda empresa, no importa cual sea su tamaño, debe diseñar un plan estratégico anual en el que se analicen cada uno de los elementos del entorno, tales como la economía, los cambios tecnológicos, los cambios sociales, los factores políticos y otros que afectan a la industria en la que la empresa participa, para tratar de crear un posible escenario para los próximos tres o cinco años. Este escenario será en el que el mercado, la industria y la empresa tendrán que convivir.

También se deberá analizar a cada uno de los competidores, directos e indirectos, para identificar sus fuerzas y debilidades. Enseguida, usando como marco el análisis competitivo, es necesario evaluar cada uno de los elementos que forman la empresa, esto es, las fuerzas y debilidades en cada área: organización, gerencia, márketing, finanzas, recursos humanos, producción, servicio a clientes, desarrollo de productos, ingeniería, productos, etc.

Con toda la información recolectada será posible identificar las amenazas y oportunidades presentes en el escenario, y las fuerzas y debilidades de la empresa ante la competencia y el mercado. Estos datos nos ayudan a crear un marco de referencia que nos permite determinar a donde queremos llevar a la empresa, con grandes probabilidades de tener éxito. Así podremos establecer objetivos para todas las áreas de la compañía.

Teniendo objetivos es relativamente fácil diseñar estrategias que nos ayuden a conseguirlos. Ahora bien, es importante que el plan estratégico sea un documento de trabajo que se utilice a todos los niveles de la organización y no que quede, en una bonita carpeta, en el librero del director.

No Involucrar a Todos los Niveles de la Organización en el Proceso de Planeación

Muchas empresas fracasaron en su intento de implementar estrategias que fueron diseñadas por su departamento de planeación sin la intervención de los gerentes de los varios niveles organizacionales. La primera razón del fracaso puede ser la falta de identificación de los ejecutivos con los planes al no haber participado en su formulación. Pero otra causa igualmente importante puede ser que los planificadores estaban demasiado lejos del campo de batalla como para identificar con precisión las amenazas, las oportunidades del entorno y del mercado y las fuerzas y debilidades de la empresa; por lo tanto, no pudieron diseñar estrategias adecuadas a la realidad de la compañía y su entorno.

El plan estratégico debe ser un compromiso de la empresa en su conjunto, no el de la dirección general y su grupo de directores de división o de área. Es un documento que debe nacer de la experiencia y visión de todos los gerentes, desde el supervisor de producción que conoce las inquietudes de sus obreros y los problemas del equipo y de los materiales, hasta el director general que ve el panorama completo de la empresa dentro del entorno.

No Tener Visión del Futuro

Hay directores que no ven más allá de sus narices, y en estos días cuando los cambios tecnológicos se suceden casi a diario, y cuando la globalización industrial es una realidad absoluta, no ver más allá del horizonte impuesto por la industria en la que participa una empresa, o por el propio país, es una omisión que puede acarrear graves consecuencias para la empresa miope.

Tener visión del futuro no significa poseer la capacidad para predecir el porvenir. Lo que significa es tener la habilidad para visualizar futuros posibles a la luz de los eventos y las tendencias que están hoy ocurriendo en el entorno.

El director visionario no se limita a saber lo que está ocurriendo en su propia industria o en su país. El está enterado de lo que pasa en otras industrias, en la ciencia y en la tecnología, y en el ámbito internacional. Es también un estudioso de los eventos sociales, ya que éstos dan forma a los mercados e, incluso, a nuevas industrias. Un ejemplo de esto es las oportunidades de negocio que el movimiento ecologista está abriendo para empresarios con visión de futuro.

El director visionario será pionero en el uso de tecnologías de avanzada, verá oportunidades de negocio donde otros sólo ven problemas, y basará sus decisiones de inversión considerando el largo plazo, porque busca la permanencia de su empresa y no la ganancia rápida.

No Definir la Misión de la Empresa

Toda empresa debe tener una función social definida, una misión que estipule con precisión el alcance y dirección del negocio. La función es social porque el progreso de la compañía está condicionado a la aceptación que tenga la empresa misma y sus productos o servicios por parte de la sociedad, representada por el mercado en que la empresa participa.

Es un error decir que la función de la empresa es producir utilidades. Las utilidades son el resultado de cumplir adecuadamente con su misión social, no el objetivo principal del negocio. Verlo de otra manera significa poner en peligro la estabilidad de la compañía, porque cuando la utilidad es el foco de las actividades de la organización, se pueden descuidar muchos aspectos que representan los factores de éxito de una empresa en su mercado.

La función social de una empresa significa brindar al mercado algo que sea de valor para los consumidores, y mientras más valor tenga, mayor será la aceptación y mayores serán las utilidades y el progreso de la empresa.

Cuando no se cuenta con una misión, la empresa puede perder su identidad con el tiempo y dejar de hacer aquellas cosas que le daban un lugar en el mercado, o bien, hacerlas de manera diferente pero inadecuada a los ojos de los consumidores, quienes al final de cuentas son los jueces de las empresas.

La misión de una empresa debe definir, principalmente: Las necesidades del consumidor que desea satisfacer con sus productos o servicios; el mercado objetivo que desea atender, incluyendo los segmentos especiales de dicho mercado; los productos o servicios con que va a satisfacer las necesidades del mercado; las tecnologías que va a utilizar para producir dichos productos o servicios, y los sistemas de distribución que empleará para hacer llegar al consumidor los productos y servicios con la mayor conveniencia para éste.*

---

* Fogg: Diagnostic Marketing. 1985 A-W Reading, Mass.

No Conocer las Fuerzas y Debilidades de la Empresa

Esta omisión provoca otros errores que pueden ser suficientemente graves con el tiempo. Cuando una empresa desconoce sus debilidades en todas sus áreas, puede realizar actividades que pongan en peligro la estabilidad de la compañía. Por otra parte, si no conoce sus fuerzas, puede desaprovechar oportunidades de mejorar las posibilidades de desarrollo de la firma.

Todas las empresas deben realizar periódicamente exámenes de conciencia generales que cubran todas las partes de la organización, tales como marketing, finanzas, personal, producción, ingeniería, gerencia, etc. de manera que se identifiquen aquellos puntos que sean ventajosos o desventajosos para la empresa en el contexto de la industria y mercados en los que participa.

Al término del examen, la empresa debe conocer con suficiente precisión cuales son las ventajas competitivas que le permiten tener una presencia en el mercado, y también, los problemas internos que frenan su desarrollo, y que con el tiempo pueden ocasionar problemas, incluso de supervivencia.

No Identificar las Amenazas y Oportunidades Presentes en el Entorno

La empresa no es un ente aislado impermeable a las fuerzas y eventos del entorno; por el contrario, es un organismo que interactúa de manera permanente con otros organismos sociales. Los mercados, el gobierno, la competencia y la sociedad toda influyen de muchas maneras en el desarrollo de la empresa, y sus cambios afectan en distintos grados las operaciones de ésta.

Los empresarios y directivos de empresas tienen la obligación inalienable de evaluar constantemente todas las fuerzas que inciden sobre la empresa, pues de no hacerlo corren el riesgo de reaccionar tardíamente cuando un suceso externo provoque graves problemas a la compañía. Por ello, deben interpretar todos los eventos económicos, sociales, políticos, tecnológicos y legales, entre otros, para identificar las amenazas y oportunidades que se encuentren presentes en dichos eventos.

Haciendo lo último, el directivo podrá anticiparse a los hechos mediante planes de contingencia para minimizar los efectos de las amenazas, y por medio de planes de desarrollo para aprovechar al máximo aquellas oportunidades que favorezcan a la empresa.

No Conocer los Factores Clave de Exito del Negocio

Muchos directivos y empresarios desconocen los factores que son importantes para tener éxito en el negocio en el que participan y así, cuando ocurren cambios en el mercado, o en la misma organización, no saben qué ocasiona que sus ventas y rentabilidad decaigan.

En todos los mercados existen factores que influyen en las decisiones de compra de productos o servicios. Estos factores pueden ser, entre otros, precio, calidad, diseño, disponibilidad, variedad, servicio, prestigio, publicidad, promoción, actualización, etc.

Las empresas también tienen características que las hacen altamente competitivas y que son la base de su éxito. Por ejemplo, esos factores pueden ser: diseño innovador de productos, costos bajos de producción, rapidez en la producción, alta calidad de los productos, excelente servicio al cliente, rapidez en la entrega al cliente, amplio canal de distribución, buena relación con los distribuidores, precios razonables, magnífica promoción, fácil acceso a materias primas, etc.

Todos estos factores, internos y externos, deben ser tomados muy en cuenta por las empresas si desean ocupar una posición importante en el mercado, pues de no hacerlo, corren el riesgo de perder ventas y liquidez. Además, deben estar al pendiente de los cambios que con frecuencia ocurren, pues se puede dar el caso de que el precio, o la calidad, o el diseño de un producto sean percibidos de manera diferente por el consumidor, en cuyo caso, la empresa debe hacer los ajustes necesarios en su estrategia para acomodarse a la nueva situación.

Igualmente, la dirección de una compañía debe considerar los efectos que puede tener en sus factores de éxito cualquier cambio que haga a la organización, pues puede cambiar un factor que represente una ventaja competitiva. Esto suele ocurrir a empresas pequeñas o medianas que en su afán de crecer modifican aspectos que les hacían tener éxito en un mercado. Por ejemplo, una compañía puede tener mucho éxito atendiendo un pequeño mercado de gran rentabilidad; pero al crecer la empresa y tratar de atender otros mercados, descuida al primero y pierde así la posición sólida que tenía en él, dando cabida para que un competidor la desplace.

No Tener Consistencia entre la Estrategia, la Misión, los Objetivos y los Principios de la Empresa

Los principios, definidos como reglas de conducta y normas de acción, llamados también cultura de empresa, existen en todas las organizaciones y conforman la manera de actuar y de pensar de sus miembros. Se puede decir también que son los valores que rigen la manera de hacer las cosas en una organización.

Ninguna estrategia es funcional si no existe concordancia entre su contenido y los principios de la empresa. No es concebible que la estrategia de una compañía sea expandirla mediante la innovación de productos cuando la dirección de la empresa y todos los niveles creen firmemente en ser conservadores, por ejemplo.

En el ejemplo mencionado parece obvio que aunque exista el propósito de lograr el crecimiento de la empresa mediante la creación de nuevos productos, no será posible lograrlo porque la mentalidad de los miembros de la empresa actuará como freno de todo aquello que se salga de lo actual, de lo conocido y probado.

Cultura y estrategia deben ir de la mano. Los principios rectores de conducta de una organización deben apoyar la implementación de la estrategia. Deben ser el combustible que haga mover el aparato hacia el logro de los objetivos, siguiendo el camino que marca la misión de la empresa.

Si la estrategia indica que todos los empleados de la empresa deben tener una cierta actitud y esto no ocurre, difícilmente se podrá implementar, porque por lo general, la cultura corporativa tiene más poder que la estrategia.

Por ejemplo, si la competencia se vuelve más intensa en un mercado, la empresa puede formular una estrategia que requiera mejor atención al cliente; pero si el personal está acostumbrado a ser los dueños del mercado en el que sus productos se venden por sí solos, va a ser muy difícil que la estrategia dé resultado, a menos de que se cambie la actitud del personal.

Dejar que la Cultura Organizacional se Forme por sí Sola

Si el director no interviene en la creación de la cultura organizacional, los empleados se encargarán de generar la que más les convenga. En el mejor de los casos, la cultura resultante puede ser la adecuada, pero lo más seguro es que, ante una dirección apática, resulte una cultura contraproducente.

Al igual que la estrategia maestra de la empresa, la cultura organizacional debe ser obra del director. Es tan importante tener la adecuada para la correcta instrumentación de la estrategia maestra que no se puede dejar que otras la moldeen y, mucho menos, dejarla al azar.

Generar una cultura deseada es una de las tareas más complicadas del director, especialmente cuando la actual es totalmente opuesta a la que se quiere tener.

Los cambios de cultura se presentan generalmente cuando hay cambio de director o cuando el director actual se da cuenta, ante los resultados o cambios de estrategia, de que es necesario modificar los principios y valores de la organización.

Como dije antes, es una tarea difícil. Imagine una empresa donde predomina la mentalidad del "ay se va" a la que llega un nuevo director quien desea implantar una cultura de calidad total. Más vale que tenga mucha paciencia porque el proceso de cambio será lento y penoso. Es posible que muchos miembros del cuerpo directivo, al igual que empleados de todos niveles, salgan huyendo de la empresa. A otros habrá que despedirlos y, muy probablemente, más de un caso será resuelto por las autoridades laborales.

La dificultad para cambiar la cultura de una organización es directamente proporcional al número de empleados. El reto es grande pero no imposible. Una guía excelente para cambiar la cultura de una empresa es el libro Cultura de Efectividad, cuyo autor es José Giral, del grupo Xabre, publicado por el Instituto de Efectividad Xabre y Grupo Editorial Iberoamérica. Es la única obra que conozco que enfoca el tema con mentalidad latinoamericana.

No Contar con una Guía de Políticas Corporativas

Cuando una empresa no tiene una guía o manual de políticas corporativas, la toma de decisiones se hace muy lenta porque, cuando una situación se repite, es necesario volver a estudiarla antes de decidir cómo resolverla. En cambio, cuando se cuenta con un manual de políticas la decisión se facilita, pues existen bases perfectamente definidas para lidiar con problemas que se hayan presentado con anterioridad.

Cuando se formula la estrategia maestra de la empresa es necesario diseñar las políticas que servirán de guías para la implementación de dicha estrategia. Si no se hace, se corre el riesgo de tener fallas importantes en su implementación volviéndola inoperante, o en el mejor de los casos, marginalmente efectiva.

Toda empresa debe tener políticas básicas en relación a: expansión, diversificación, márketing, producción, desarrollo de productos, personal, ingeniería, finanzas, planeación, organización, entre otras. Ahora bien, es sumamente importante reconocer que dichas políticas deben ser lo suficientemente flexibles para no entorpecer el cambio cuando éste sea necesario; de otra manera, la empresa puede reaccionar demasiado tarde cuando ocurra un suceso en el entorno que requiera que la empresa modifique su manera de hacer las cosas.

No Abandonar a Tiempo una Estrategia Inadecuada

La planeación estratégica no es una camisa de fuerza para las empresas, por el contrario, es una herramienta flexible que permite a una empresa controlar su destino y no permitir que el entorno y la competencia se lo controlen.

Toda estrategia debe ser lo suficientemente flexible para modificarla cuando surja la necesidad, pues dado que la estrategia se formula basándose en premisas relacionadas con las variables del entorno, cuando dichas premisas no resultan verdaderas, la empresa quedaría encerrada en un cuarto sin puertas.

La estrategia de la empresa debe contar con puertas de escape, es decir, planes de contingencia, en caso de que el escenario sobre el cual se formuló la estrategia no resulte cierto. Este plan de contingencia debe poseer todos los elementos necesarios para que la empresa tome las acciones adecuadas a fin de evitar daños mayores a la compañía.

Centralizar Demasiado las Decisiones

Se han perdido muchas oportunidades de negocios porque la decisión de aprovecharlas tomó demasiado tiempo. Por otro lado, muchas empresas se han metido en líos porque alguien cerca de la acción no tenía la autoridad para tomar una decisión.

Tan mala es la centralización excesiva como la descentralización extrema. Ambas implican riesgos que ninguna empresa puede darse el lujo de tomar. La descentralización extrema puede dar cabida a decisiones muy perjudiciales, incluso fatales para la compañía.

Existe un delicado balance entre ambos extremos, y es muy difícil determinar qué decisiones puede tomar quién; por ello, es importante enunciar políticas que definan, sin dejar lugar a dudas, qué tipo de decisiones pueden ser tomadas en cada área y departamento de la empresa, y cómo actuar en caso de emergencias.

Anteponer sus Intereses Personales a los de la Empresa

Un gran número de empresas se han metido en serios problemas porque sus directores las han utilizado para satisfacer sus intereses personales.

Conocemos de casos en los que el director ha mudado las oficinas generales a un sitio que a él le conviene, y no porque sea benéfico para la compañía. Existe una instancia en la que al director le gustaba pescar y, para satisfacer ese gusto, trasladó las oficinas centrales a un sitio cercano a un lago. Fue un cambio costosísimo, que además perjudicó a la empresa al sacarla del centro de la acción.

A otros directores puede gustarles el tenis y hacen construir una cancha en las instalaciones de la empresa, con el pretexto de que estará a disposición de todo el personal, aunque después restringe su uso para que sólo él y sus favoritos puedan jugar en ella.

¿Y qué decir de los comedores de lujo que muchos directores hacen construir para su uso personal, argumentando que es una buena herramienta de relaciones públicas (para él en lo personal)?

Lo mismo pasa con los jets ejecutivos. A pesar de que pueden viajar por líneas de aviación comerciales, muchos directores se las arreglan para convencer al Consejo de Administración de que les permitan comprar un jet ejecutivo, argumentando que con él aumentará la eficacia directiva de todo el cuerpo gerencial. Después resulta, como en el caso del director ejecutivo de Lone Star Industries Inc., James Stewart, quien a pesar de que su empresa había perdido 271 millones de dólares en 1989 y de haber despedido a muchos empleados, de haberse deshecho de 400 millones de dólares en activos y de haber suspendido el pago de dividendos, continuaba trasladándose en su jet, de su casa en Florida a sus oficinas en Standford, Conn., mientras sus ejecutivos tenían que viajar en clase turista por aerolíneas comerciales.

En otra parte de este libro trato el tema de la omnipotencia del director, que es afín a este tema.

No Aprender de las Lecciones del Pasado

El pasado es un gran maestro; sin embargo, no todos parecen estar dispuestos a aprender sus enseñanzas, por lo que continúan cometiendo errores que podrían evitar si miraran hacia atrás.

La historia está repleta de sucesos que con el tiempo vuelven a ocurrir, a veces disfrazados, pero a veces como réplicas idénticas. Con todo, las empresas no los reconocen y realizan actividades que resultan en fracasos. Los ciclos económicos son un ejemplo de ese tipo de eventos repetitivos.

Pero no solamente no aprenden las empresas de los eventos económicos, sociales, tecnológicos y políticos del pasado, sino que tampoco lo hacen de sucesos ocurridos en la propia empresa. Así, cometen errores que ya habían tenido antes y desaprovechan oportunidades cuando surgen situaciones ventajosas equivalentes a las que se habían presentado con anterioridad.

Crecer sin Contar con los Recursos Necesarios para Sostener el Crecimiento

Muchas empresas tienen graves problemas de liquidez y de ventas durante su crecimiento por una o varias de las siguientes razones:

- No tuvieron suficiente capital para financiar los mayores gastos de operación, la producción incrementada y las ventas crecientes, así como otras inversiones necesarias tales como compra de equipo y maquinaria.
- No contaron con talento gerencial adecuado para dirigir a la empresa con su nuevo entorno.
- No tuvieron personal debidamente capacitado para mantener el nivel de producción y calidad requeridos.
- No crearon un sistema de distribución apropiado para el nuevo tamaño de la empresa.

Pasar por Alto Indicios de Problemas Graves

La NASA invirtió 1,500 millones de dólares en el telescopio espacial Hubble, sólo para descubrir que éste tenía un caso de miopía, cuando ya estaba instalado en el espacio.

Fue un error carísimo que pudo haber sido evitado si los científicos de Perkin Elmer Corporation hubiera comprendido el valor de lo que estaban desarrollando.

Cuando midieron la curvatura del espejo por segunda vez utilizando otro aparato óptico, se detectó una ligera variación; a pesar de ello, dieron por buena la primera medición en la que usaron otro aparato.

La variación debió llamar poderosamente su atención y hacerlos realizar más mediciones hasta estar seguros de que el espejo tenía la curvatura correcta.

Un error de esta naturaleza pudo destruir a otra empresa menos poderosa económicamente, a menos de que contara con un seguro que cubriera esa contingencia.

Creer que el Tamaño de una Empresa es la Prueba de su Exito

Grande no significa bueno, necesariamente. Muchas empresas pequeñas con alta rentabilidad perdieron su efectividad cuando crecieron. Las razones pueden ser muchas, por ejemplo: Al crecer la empresa, el dueño ya no pudo atender todos los detalles. La empresa trató de cubrir áreas fuertemente competidas desatendiendo así su nicho de mercado. No contaron con talento gerencial para manejar una empresa mayor. Perdieron la flexibilidad que tenían cuando eran pequeñas. Se burocratizaron, haciendo más lenta la toma de decisiones. Los costos de operación crecieron a mayor velocidad que las ventas. Dejaron de prestar servicio personalizado a sus clientes. Los competidores más grandes empezaron a verlas como enemigas. No contaron con recursos suficientes para financiar el crecimiento.

A muchas empresas les ocurre lo que a los dinosaurios, cuyo tamaño terminó por destruirlos. La pequeña o mediana empresa que desea crecer debe tomar en consideración un aspecto muy importante, que consiste en determinar si el valor de la empresa radica en su tamaño actual. De ser así, la gerencia debe considerar con mucho cuidado si es conveniente hacer crecer a la empresa, pues se corre el grave riesgo de destruir las ventajas competitivas de la misma.

Resistirse a Adoptar Nuevas Tecnologías

La introducción de avances tecnológicos ya no es un lujo prescindible. Hoy, la cuña tecnológica es una de las ventajas competitivas más importantes que las empresas pueden tener.

En algunas industrias, el desarrollo tecnológico es más importante que en otras: La banca y las líneas aéreas son dos industrias en las que la tecnología desempeña un papel vital, por citar algunas.

Un caso muy conocido en la industria de la aviación comercial en los Estados Unidos lo protagonizó la compañía People Express. Esta línea obtuvo una gran penetración, quitándole mercado a todas las grandes aerolíneas, por medio de grandes rebajas en sus tarifas.

Cuando las otras compañías reaccionaron y redujeron drásticamente sus tarifas, People Express perdió su ventaja competitiva y de paso su mercado, ya que no contaba con el sistema de reservaciones tan completo y tan ágil de las otras.

Su presidente creyó que el precio era el único factor para triunfar en esa industria tan competida, y se negó a instalar un sistema de cómputo para reservaciones similar al de las otras aerolíneas.

Los clientes abandonaron People Express cuando pudieron conseguir asientos seguros a bajo precio en otras líneas, en vez de esperar por horas para conseguir lugar en los vuelos de People Express.

La computación electrónica es uno de los avances más notables en el mundo de los negocios y su costo se ha reducido a un nivel que la hace accesible a empresas de todos tamaños; sin embargo, aún existen miles de compañías que se resisten a utilizarla. El tiempo dará cuenta de ellas.

Dar Mayor Importancia a los Resultados a Corto Plazo

Este es un error que se comete hasta en las mejores familias, pues en un gran número de las empresas más grandes de Estados Unidos se busca más los resultados espectaculares al corto plazo, aunque el futuro de la empresa quede vulnerado. Así, vemos que esas empresas reducen drásticamente su inversión en desarrollo tecnológico a fin de que la utilidad en un año dado sea grande.

Detrás de esta práctica se encuentra la voracidad de los directores de las empresas, pues si muestran buenos resultados en el año, se hacen acreedores a jugosos bonos y a mayores incrementos de sueldo en el siguiente.

La empresa debe invertir en su futuro, no sólo en su presente, así que es absolutamente necesario que cada año una proporción adecuada de los recursos con que cuenta se destinen a la creación de dicho futuro, el cual se logra mediante el desarrollo de nuevos productos o servicios, la capacitación de todo el personal, la adquisición de equipos y maquinaria modernos, la búsqueda continua de nuevas oportunidades de negocios, el desarrollo de nuevos mercados, etc.

Permitir que los Exitos Pasados Paralicen la Innovación

La complacencia por el éxito que una empresa está disfrutando puede ser una venda en los ojos que no permita ver lo que está ocurriendo en el mercado, especialmente lo que está haciendo la competencia.

A fines de los años 70, Atari lanzó al mercado sus famosos juegos de video y para 1981 controlaba el 70 por ciento del mercado.

Atraídos por el éxito de Atari, otras empresas empezaron a entrar en el negocio con productos y software mejorados. Además, el surgimiento de las computadoras caseras que, además de correr juegos ofrecían otras aplicaciones, vino a reducir el interés del mercado por el producto de Atari.

La gerencia de Atari, por su falta de contacto con el mercado y cegada por el éxito pasado, fue lenta en reconocer la nueva tendencia del mercado y en producir mejores productos. La crisis resultante de esa falta de visión provocó una pérdida de 539 millones de dólares en 1983.

La tecnología está avanzando a una velocidad pasmosa. Más tarda una empresa en lanzar un nuevo producto al mercado que otra en anunciar un producto similar pero mejorado. Sony perdió el liderazgo en videocaseteras porque otra empresa lanzó al mercado el sistema VHS, el cual ofrece ventajas considerables sobre el sistema Beta de Sony.

Ninguna tecnología garantiza el éxito permanente. Sólo la innovación continua puede asegurar la supervivencia y, en el mejor de los casos, una buena dosis de éxito.

Creer que lo que Funciona Hoy Seguirá Funcionando Mañana

El cambio en el mundo es permanente. Cambia la economía, la tecnología, los gustos y necesidades del consumidor, las leyes, los gobiernos y todos los demás aspectos de la sociedad. Pero, por desgracia, muchos directivos y empresarios parecen no darse cuenta de ello porque se mantienen inflexibles en la manera de dirigir su empresa, y cuando los cambios se suscitan, culpan al gobierno y a la competencia de los problemas que su empresa empieza a sufrir.

Henry Ford perdió la preeminencia en la producción de automóviles porque no entendió que los gustos de los consumidores cambiaban con mucha frecuencia. Así, no aceptó pintar su famoso modelo T de un color diferente del negro, y tampoco aceptó otros cambios que hubieran hecho del modelo T un mejor auto. Su terquedad permitió a la General Motors dominar el mercado, porque esta compañía tomó en cuenta los cambios que los mercados estaban teniendo.

Ejemplos de miopía al cambio abundan en la historia industrial de los países, y todos los días cientos de empresas quiebran por esa causa. Solamente las compañías que tengan la flexibilidad suficiente para modificar su estructura y estrategia cuando sea necesario, podrán sobrevivir, ya que el cambio se presenta con mayor rapidez que en el pasado. Ahora vemos cómo la ciencia y la tecnología generan desarrollos que vuelven obsoletos a los sistemas, equipos y procesos de producción. También vemos cómo las comunicaciones generan cambios drásticos en los gustos de los consumidores y provocan movimientos geográficos de los mercados. Lo que hoy es, mañana es algo totalmente distinto.

Tratar de Abarcar Demasiado

Con frecuencia una compañía trata de aprovechar muchas oportunidades de negocios mediante la diversificación, pero como resultado de ello no aprovecha plenamente ninguna.

El problema se agudiza cuando la empresa está metida en negocios disímiles que requieren de estrategias y estructuras organizacionales diferentes para atender a los también diferentes mercados. Así, la empresa que se inició fabricando productos químicos, agrega a su portafolio de negocios compañías en campos tan diversos como la hotelería o la fabricación de partes automotrices. Por desgracia, en muchas ocasiones no sólo no se pueden manejar bien esos nuevos negocios, sino que en el caos administrativo resultante, también se descuida el negocio básico, el que dio los recursos para ingresar en los nuevos campos.

Cuando surgió el movimiento de la diversificación en los Estados Unidos, se hacía referencia al concepto de sinergia que se representaba simbólicamente por la fórmula 1+1=3. El tiempo llegó a probar que en muchos casos la fórmula resultante era 1+1=#%&?¿#

Muchas compañías se diversifican sólo porque quieren crecer y se les hace más fácil adquirir compañías que están en otros mercados, en negocios diferentes, que desarrollar productos complementarios, mejorar los actuales, buscar nuevos mercados y mejorar sus sistemas de márketing y manufactura. Esta estrategia puede ser más benéfica para la compañía a largo plazo porque la cimienta en el negocio donde tiene amplias ventajas competitivas. Esto ya no es tan válido si la empresa se encuentra en un tipo de negocio que se está volviendo obsoleto, en cuyo caso será necesario buscar otro negocio que pueda importar del actual los factores de éxito para que la transición sea sólida y no quede en desventaja con la competencia. Por ejemplo, el nuevo negocio debiera, idealmente, poder utilizar el talento gerencial, las tecnologías, la planta de producción, los canales de distribución, la fuerza de venta y las técnicas de márketing que ahora utiliza la empresa en el negocio actual.

No Modificar la Manera de Administrar Cuando los Tiempos Cambian

La administración no es una constante. Puede y debe ser modificada cuando el entorno cambia en sus variables. Por desgracia, muchas empresas se resisten a cambiar sus sistemas de dirección o, si lo hacen, lo hacen lentamente.

En tiempos de abundancia se administra de manera muy diferente a como se hace en tiempos de penuria. De no ser así, la empresa puede desperdiciar oportunidades valiosas o puede sufrir una crisis de liquidez irreversible, según sea la situación económica del país o países donde opera.

En tiempos de crisis financiera, una empresa puede reforzar su posición si tiene más recursos que los competidores, pero debe ser muy cuidadosa con la manera en que emplea dichos recursos. Debe dedicarlos a aquellas actividades que mejoren el producto y el servicio a los clientes. Otras actividades pueden propiciar el desperdicio de los recursos. Si se cuenta con mucho capital, la empresa puede incluso adquirir otras empresas que podrían estar muy baratas a consecuencia de la misma situación económica.

Según sea la situación, la empresa deberá hacer ajustes en su manera de comercializar el producto, de realizar la manufactura del mismo, de desarrollar nuevos productos, de utilizar sus recursos financieros y de aprovechar a sus empleados y gerentes. En otras palabras, la utilización de todos los recursos de la empresa es función directa de la situación del entorno a fin de lograr un uso óptimo.

No Fomentar la Innovación en la Empresa

Renovarse o morir parece ser una ley en la vida de las organizaciones modernas. La empresa que no busca innovar en todos los aspectos será víctima de los cambios del entorno y de los embates de la competencia, así como del desprecio de los mercados que atiende.

Innovación no significa solamente la creación de nuevos productos o servicios para agregar al catálogo de la compañía. Significa también cambiar sistemas, políticas, actitudes, procedimientos, estrategias, estructuras, objetivos y hasta la misión de la empresa, para adecuarlos a los nuevos tiempos y a los tiempos que se avecinan.

La innovación debe ser permanente, pero no es necesario realizar cambios espectaculares para que sea efectiva. Las pequeñas innovaciones de todos los días dan mejores resultados porque son fácilmente asimiladas por la organización. Esos pequeños cambios ayudan a modificar la cultura corporativa de manera paulatina evitando así los choques culturales que producen más perjuicios que beneficios.

Para innovar es necesario tener tolerancia a los errores, de otra manera nadie se atreverá a sugerir nuevos modos de hacer las cosas, porque se sabe que si no resultan positivos el autor será castigado. Esta es quizá la razón principal por la cual las empresas permanecen estáticas en un mundo cambiante.

En cambio, cuando la sugerencia innovadora es alentada mediante el reconocimiento, y el error calculado se tolera, la empresa flota con los cambios del entorno, e incluso se adelanta a éstos, con lo que logra una gran ventaja competitiva.

Arriesgar Más de lo que la Empresa Puede Resistir en Caso de Fracasar

Una gran proporción de las empresas que fracasan lo hacen por esta causa. Arriesgar es saludable cuando no se pone en juego la supervivencia misma de la compañía; cuando el beneficio que se obtendrá sobrepasa por mucho el costo de lograrlo. Pero cuando un error de planeación o de ejecución o un cambio imprevisto en el entorno puede ocasionar la quiebra o una reducción importante de la rentabilidad de la empresa, arriesgar es un acto de irresponsabilidad, no importa cuan grande sea el posible beneficio. Y la irresponsabilidad es mayor mientras más grande sea la empresa, porque mayor cantidad de recursos y empleos están en juego.

Las empresas no tienen como objetivo jugar albures; por el contrario, su objetivo es progresar para crear riqueza que debe compartir con la sociedad mediante el suministro de productos y servicios valiosos, mediante el pago de sueldos y prestaciones a los empleados, mediante el pago de impuestos y mediante la reinversión de las utilidades en actividades productivas que generen más riqueza. Por esto, arriesgar los recursos en actividades que sean como juegos de azar, en los que se puede perder hasta la camisa, es algo que ningún empresario o director de empresa puede hacer.

Es cierto que muchas empresas han arriesgado todo y han tenido éxito, pero estos son casos excepcionales y no indicadores del mejor método para hacer crecer a una compañía. El riesgo tiene un límite debajo del cual se debe operar. Este límite sólo puede ser establecido por la gerencia de la empresa. Sólo el director y el consejo de administración pueden determinar hasta qué punto es razonable arriesgar los recursos para evitar que la compañía quede vulnerable ante las fuerzas cambiantes del entorno y de la competencia.

No "Apretarse el Cinturón" en Tiempos Malos

En muchas empresas se utilizan los recursos de éstas de igual manera en los tiempos buenos que en los malos. Esto ocasiona que en los tiempos de crisis la liquidez se deteriore notablemente y que, incluso, las empresas pongan en peligro su estabilidad financiera.

Las empresas deben gastar en el grado en que puedan recuperar lo gastado más una utilidad real, ajustada por la inflación. Gastar de más es comerse las posibles utilidades, lo que trae por consecuencia una disminución en la capacidad de crecimiento de la compañía. Con todo, vemos muchos ejemplos de empresas que gastan en exceso cuando los tiempos dictan que es necesario restringir los gastos de operación para proteger las utilidades. Así vemos que los gerentes continúan dándose la gran vida, como se refleja en sus cuentas de gastos, y los desperdicios de recursos se notan en todas las actividades de la organización.

En tiempos inflacionarios las cantidades de dinero y los porcentajes son engañosos. Los incrementos no son reales a menos que sean mayores que la tasa de inflación. Las cantidades absolutas no dicen nada a menos de que se comparen con valores anteriores. Así, el crecimiento de los gastos no puede ser mayor que el aumento de las ventas, de otra manera las utilidades se verán perjudicadas. De hecho, los gastos de operación más los costos de producción no deben aumentar más que las ventas.

La proporción de gastos a ventas no es inflexible hacia abajo, pero debiera serlo hacia arriba. Siempre puede haber oportunidades de reducirla. La inversión en actividades promocionales y en la mejora del servicio a los clientes es la única que puede ser modificada hacia arriba, pero siempre a costa de otras actividades no prioritarias, para no modificar la proporción.

Por desgracia, la gerencia es la primera que se opone a reducir las canonjías de que disfruta; por eso, a pesar de la crisis, los miembros del cuerpo gerencial estrenan auto cada año y realizan gastos superfluos. Al ver esto, los niveles inferiores lo interpretan como una licencia para gastar.

También ocurre que la gerencia congela los sueldo de los empleados, pero al mismo tiempo paga generosos bonos a los ejecutivos o redecora las oficinas de la Dirección. Como es obvio, la motivación del personal se cae hasta el suelo y la productividad se ve grandemente afectada.

Creer que un Gerente Puede Manejar Cualquier Tipo de Negocio

Este error causó muchos fracasos industriales en varias partes del mundo, incluyendo a nuestro país.

En su ambición por crecer, muchos directores de empresa adquirieron compañías muy disímiles entre sí. Empresas de cosméticos, de bienes raíces, de entretenimiento, de alimentos, de turismo, de la industria editorial y de electrónica fueron aglutinadas bajo grandes consorcios, dando por resultado enormes elefantes blancos que se derrumbaron por su propio peso.

Los presidentes de dichos consorcios creyeron que si eran capaces de tener éxito fabricando y vendiendo productos de consumo masivo, también lo tendrían manufacturando y comercializando computadoras, sin darse cuenta de que diferentes industrias requieren diferentes habilidades y, ante todo, experiencia en la dirección de empresas que compiten en dichas industrias.

Años después, Peters y Waterman, en su ya clásico libro, "En busca de la Excelencia", dedujeron, a partir de una extensa investigación, que un factor de éxito empresarial consiste en dedicarse, en cuerpo y alma, a lo que mejor se sabe hacer.

No tratamos de asegurar aquí que un gerente no sea capaz de aprender a dirigir en una industria diferente de la que conoce ahora. Muchas tienen características comunes, quizá porque utilizan canales de distribución similares, o porque los procesos de producción son compatibles o porque los mercados son los mismos. Otras son totalmente diferentes, como la industria automotriz y la editorial. Con todo, conozco un caso en el que un ejecutivo del área de producción de una de las grandes compañías automovilísticas del país fue nombrado director general de una empresa editorial. El resultado fue que años después la empresa estaba técnicamente quebrada cuando el dueño logró venderla a un precio irrisorio.

Tratar de Dirigir la Empresa Sólo a Base de Números

Una empresa no puede manejarse solamente a base de cifras porque los procesos empresariales no son procesos físicos sujetos a fórmulas. Sería demasiado fácil dirigir una empresa si se pudieran predecir los resultados de manera infalible utilizando ecuaciones matemáticas, especialmente ahora que las computadoras pueden resolver casi cualquier fórmula en fracciones de segundo.

El director que cree que puede dirigir su compañía basándose solamente en las cifras de los estados financieros, se olvida que cualquier organización que tenga que ver con seres humanos, sean estos empleados, clientes, proveedores o la sociedad en general, no puede predecir con exactitud el comportamiento o las necesidades o los gustos de éstos en todo momento y en todas las circunstancias.

A lo más que puede aspirar es a hacer el cálculo de probabilidades de que un grupo de personas se comporte de una cierta manera en una situación dada, basándose en hechos pasados.

El peligro que encierra el depender sólo de los números para dirigir una empresa es que el director puede sustraerse a sucesos sociales no cuantificables que pueden cambiar por completo las reglas del juego y producir serios descalabros a la empresa.

El buen director debe utilizar los números como meros indicadores, tal como utilizamos el velocímetro de nuestro automóvil al trasladarnos de un sitio a otro. Imagine lo que ocurriría si al manejar el auto no despegáramos la vista del velocímetro. Sin duda sabríamos a qué velocidad íbamos cuando nos estrelláramos.

Confiar Demasiado en una Técnica Gerencial de Moda

Muchos directores se han ido de bruces por utilizar una técnica gerencial que esté de moda. La convierten en dogma de fe y la aplican como si fuera una panacea.

Mientras dura la euforia, el director y su equipo sólo piensan en la técnica. Asisten a cuanto seminario se ofrece sobre el tema y contratan consultores especialistas en la técnica. Parecen pensar que al fin ha surgido el remedio para todos los males empresariales.

Ante esas manifestaciones, uno puede creer que, para dirigir, los gerentes necesitan símbolos y conceptos en vez de utilizar el sentido común y dedicar el 100% de su tiempo, talento y esfuerzo a la empresa.

Indudablemente que muchas de las ideas que surgen continuamente en las escuelas de administración y en las empresas de consultoría tienen gran valor, pues la dirección de empresas, como ciencia social que es, se encuentra en estado de desarrollo continuo, y las investigaciones arrojan nueva luz sobre técnicas, métodos y sistemas que han dado buenos resultados en muchas empresas.

El problemas es que las empresas, por ser entes sociales, no pueden someterse a un determinismo absoluto. Lo que funciona en una empresa no necesariamente tiene que funcionar en otra, especialmente cuando ésta pertenece a una industria diferente de aquella, y más especialmente cuando aquella está situada en otro país.

Casarse con una técnica gerencial que no se adapte perfectamente a las características y necesidades de una empresa puede crear tal confusión que el remedio podría resultar peor que la enfermedad.

Iniciar un Negocio sin Conocerlo o sin Contar con una Ventaja Competitiva

Muchas empresas están destinadas al fracaso desde el momento mismo de su creación porque sus fundadores no cuentan con la experiencia y conocimientos necesarios para dirigirla, y tampoco están dispuestos a contratar a las personas que puedan hacerlo.

Por otro lado, hay muchos negocios tan competidos que, a menos de que se tenga una ventaja competitiva perfectamente definida, las probabilidades de éxito son mínimas.

Ya hemos dicho en otro tema que un gerente que tiene éxito en una industria no necesariamente lo tendrá en otra; y mientras ésta sea más diferente, menor será la posibilidad de éxito.

Con frecuencia, empresarios pretenden entrar a negocios que desconocen sólo porque saben que son muy rentables, pero no están dispuestos a pagar el precio del aprendizaje.

Así, se resisten a contratar los servicios de gerentes expertos en el negocio, o si lo hacen, no les permiten operar libremente, ocasionando que éstos se vayan de la empresa.

En un caso que viví muy de cerca, una empresa editorial adquirió otra del mismo ramo pero con otra línea de producto muy especializado. Poco después de la adquisición, la compradora decidió fusionar a la otra y despidió a muchos de los ejecutivos de la fusionada.

Antes de un año, la empresa tenedora de ambas empresas decidió separarlas, ya que la línea de producto de la fusionada se encontraba en serios problemas y su buen nombre se estaba perdiendo, lo cual permitió que la competencia hiciera mella en la importante porción del mercado que poseía.

Participar en Negocios Ilegales

Muchos empresarios, movidos por la codicia o por dificultades financieras, han participado en negocios ilegales. Hoy un buen número de ellos están en la cárcel.

Existen muchos negocios ilegales: lavado de dinero; narcotráfico, prostitución, manipulación de valores bursátiles, por mencionar algunos ejemplos. Todos son altamente redituables, pero igualmente arriesgados.

Cuando John Z. De Lorean, autor de "On a Clear Day You Can See General Motors", y quien fuera alto ejecutivo de esa compañía, fundó una empresa para construir el auto De Lorean, un vehículo deportivo de vanguardia. Pero tuvo tantos problemas financieros que se vio involucrado en tráfico de drogas para obtener dinero que le permitiera continuar con su proyecto. Fue descubierto y procesado penalmente. Después fue absuelto, pero siempre quedó la convicción de que su relación con el narcotráfico fue verdadera.

Ivan Boesky, Michael Milken y otros grandes de las finanzas americanas fueron procesados por la manipulación de valores y el manejo de información bursátil preferencial.

Un caso muy cercano es el de la Casa de Cambio Génova, de México, que desapareció prácticamente de la noche a la mañana por la participación de sus dueños en el lavado de dinero del narcotráfico.

No Reconocer los Síntomas de una Crisis en Puerta

Las crisis, salvo en contados casos, no surgen de la noche a la mañana. Por lo general, son resultado de una serie de eventos a lo largo de un cierto período de tiempo, durante el cual aparecen síntomas inequívocos.

Estos síntomas forman lo que podríamos llamar el Síndrome de la Crisis Empresarial y son fácilmente identificables si el director tiene la objetividad suficiente y la humildad necesaria para aceptar que pudo haber cometido errores.

Los síntomas más frecuentes son:

- Falta de liquidez
- Reducción de las ventas
- Aumento de costos
- Incremento de gastos
- Alta rotación de personal
- Renuncia de ejecutivos
- Aumento de reclamaciones y quejas por los clientes
- Roturas constantes de inventarios
- Conflictos laborales
- Continuas descomposturas de la maquinaria y el equipo
- Malas relaciones con los distribuidores
- Deterioro de las instalaciones y falta de limpieza y orden
- Pérdida de clientes importantes

Sentarse a Esperar el Paso de una Recesión

En épocas de recesión económica, las empresas innovadoras suelen resurgir más fuertes que nunca porque la mayoría de las empresas tienden a entrar en un estado de hibernación.

En tiempos recesivos, las compañías suelen reducir su nivel de actividad: se disminuyen los gastos de publicidad y promoción, se posponen los proyectos de inversión y se cancelan nuevos productos, entre otras acciones.

Hacer lo anterior implica un grave riego, en especial ahora que vivimos en una economía global, ya que mientras las empresas locales desaceleran su actividad, otras empresas internacionales lanzan nuevos productos, aumentan la labor publicitaria y promocional y construyen nuevas plantas. Y cuando las empresas nacionales salen de su letargo, encuentran que han perdido importantes tajadas de su mercado.

La globalización de los mercados ha cambiado las reglas del juego; por ello, el empresario debe olvidarse de las maneras tradicionales de hacer negocios y debe buscar nuevos o ingeniosos métodos para hacer frente a la crisis y así salir fortalecido de ella.

Los nuevos cánones indican que en épocas de recesión la empresa que trabaja con costos bajos debe bajarlos más; la que tiene fuerza tecnológica debe lanzar más nuevos productos; la que basa su ventaja en servicio al cliente debe mejorar aún más su atención a las necesidades y gustos de su mercado. Es el momento de fortalecer aún más las ventajas competitivas de la empresa.

No Reconocer el Impacto de las Nuevas Tecnologías en la Empresa

Los avances tecnológicos que han tenido lugar en este siglo han ocasionado la quiebra de miles de empresas que no creyeron ser afectadas por las nuevas tecnologías.

Las computadoras, por ejemplo, han modificado de manera notable la manera de hacer las cosas en prácticamente todos los aspectos de la vida del mundo, y han ocasionado la desaparición de muchísimas empresas y también de los empleos de un gran número de personas cuyas tareas son realizadas ahora, con más eficiencia y rapidez, por computadoras. Hoy en día, los microprocesadores pueden ser utilizados en todo tipo de máquinas y equipos, de manera que las fábricas que no renueven sus equipos obsoletos quedan en gran desventaja de costos y eficacia con otras compañías que tienen en sus procesos de producción las máquinas más modernas.

Todo director de empresa debe estar al día en cuanto a los adelantos que se están suscitando en su industria, y en otras, pues no es raro que desarrollos tecnológicos en unas industrias sean utilizables en otras.

No Generar Sentido de Urgencia en la Organización

Hay empresas en las que todos los días ocurren cosas, y hay otras que parecen tener reumas. Estas últimas se caracterizan por su incumplimiento de las fechas de entrega de los pedidos y por su tardanza en resolver problemas de servicio. Esto es lo que se capta desde afuera. Por dentro, todo parece una película proyectada en cámara lenta. Parece como si una pierna le pidiera permiso a la otra para moverse. Al menos así parece a los ojos de un nuevo director, o de un consultor, que llega con otra dinámica.

El sentido de urgencia debe ser parte de la cultura de toda organización. Es el elemento que debe diferenciar la empresa privada de la dependencia de gobierno (con sus honrosas excepciones).

Cuando se ha prometido (prudentemente) entregar una mercancía a un cliente en una cierta fecha, la maquinaria de la empresa debe echarse a andar a toda velocidad para cumplir y, al igual que una máquina en la que todos los engranes se mueven en conjunto, los departamentos involucrados: producción, control de calidad, facturación, almacén y transporte deben trabajar en sincronía a la velocidad que se requiera.

Pero el sentido de urgencia debe nacer en la dirección general; de otra manera, a la máquina le faltará la fuerza motriz para funcionar.

Esa falta de sentido de urgencia ha ocasionado que muchas empresas hayan perdido clientes importantes y otras oportunidades que hubieran hecho una diferencia en su desarrollo.

Tener sentido de urgencia no significa que todo el personal ande corriendo de un lado para otro. Significa, más bien, tener conciencia de que las cosas deben hacerse dentro de un tiempo determinado, y actuar para cumplir con ese plazo.

Permitir que la Codicia lo Ciegue

La ambición de hacer una importante venta de bandas en V a la Unión Soviética cegó al presidente de Dayco Corporation, una empresa americana, al grado que olvidó verificar la realidad de la transacción y terminó con un golpe de 23.7 millones de dólares a las utilidades.

Una agente internacional de ventas se acercó a Richard Jacob, presidente de Dayco, y le ofreció un negocio que representaría alrededor de 100 millones de dólares de ventas a la Unión Soviética. A cambio, Dayco pagaría a la agente un anticipo del 10% en comisiones en todos los pedidos que obtuviera.

Varios meses después, Dayco había fabricado 47 millones de dólares en productos y sólo había recibido pagos por 6 millones. Para entonces, ya había pagado comisiones por 13 millones. Y por si fuera poco, había también gastado en fletes para enviar el producto a un puerto alemán donde supuestamente los rusos lo recogerían.

A pesar de las advertencias de sus gerentes y de sus auditores acerca de que algo andaba mal porque no recibían el pago, el presidente aseguraba que los rusos no habían pagado por la falta de divisas, causada por la guerra de Afganistán.

Finalmente, los miembros externos del Consejo de Administración contrataron a una empresa especializada en negocios con los soviéticos para determinar la veracidad de la transacción. Esta empresa rápidamente descubrió que Dayco había sido víctima de un engaño por parte de la agente de ventas.

El presidente no sólo fue públicamente avergonzado sino que, además, fue acusado de haber participado en el complot y de haber recibido dinero de la agente. Finalmente fue absuelto.

Ser Complaciente con los Resultados

Siempre es posible encontrar pretextos o disculpas para explicar resultados malos o mediocres, y si se repiten suficientes veces, el director termina por creerlos, aunque no estén debidamente fundamentados en la verdad.

Al creerlos, el director los acepta como algo que no puede cambiar mientras las circunstancias no cambien.

Incluso, cuando los resultados pueden ser calificados como buenos, el director podría conformarse y no hacer nada por superarlos.

Esta complacencia puede acarrear descalabros en el futuro, ya que el status puede ser desestabilizado por cambios en el entorno y convertir los resultados de la empresa, otrora buenos, en desastrosos. Y esto es algo que puede ocurrir de la noche a la mañana.

El director nunca debe estar contento con los resultados. Debe tener un deseo de superación permanente; lo que los japoneses denominan Kaizen: mejoramiento gradual y continuo.

El problema más grave es cuando un director acepta malos resultados como inevitables. Sus gerentes podrán presentarle docenas de argumentos para explicar los resultados reales o previstos. El director podría decir "Si esto es lo que va a ser, que sea pues", pero decirlo sería una aceptación temprana de la derrota.

Por el contrario, debe motivar a su gente a hacer hasta lo imposible para cambiar el estado de cosas.

Casi nadie –por desgracia– está dispuesto a dar el 100% y mucho menos el 110 o el 120, así que el director puede encontrar ese espacio entre el 80 o 90% que su gente está dando y el 100 o más porciento que son capaces de dar, y utilizarlo para mejorar los resultados. Entonces podrá decir: "Se hizo todo lo que fue humanamente posible hacer".

Ser Inflexible en la Aplicación de las Políticas

Las políticas corporativas sólo deben servir como guía para tomar decisiones. De ninguna manera deben ser candados ni murallas infranqueables. Sin embargo, muchos directores y su equipo gerencial así las utilizan, convirtiendo a la empresa en una entidad artrítica.

Las políticas inflexibles sólo sirven para ahuyentar a los clientes y para desmotivar a los empleados. Ambas cosas son dañinas para la salud organizacional.

Cuando se emplean bien, las políticas hacen más ágil a la empresa, y liberan al director de tomar decisiones menores. Son un instrumento de delegación. Pero para muchos, son las tablas de la ley, escritas en titanio para que no se puedan alterar.

Con seguridad todos los lectores habrán escuchado (o dicho) la frase: "Por política no se puede..." Para los directores indecisos es una manera de "lavarse las manos" en situaciones que ponen a prueba su capacidad directiva.

Entonces la primera política debiera ser:

"Todas las políticas contenidas en este manual son flexibles".

Seleccionar Equivocadamente a sus Ejecutivos

Un director no puede hacerlo todo, solo; por ello es tan importante que se rodee de un equipo sólido de ejecutivos capaces que participen activamente en la definición de objetivos, formulación de estrategias, diseño de políticas y ejecución de los planes.

Un ejecutivo que no dé la talla puede causar graves problemas a la empresa, especialmente cuando se le delega la autoridad para tomar ciertas decisiones importantes. Muchas empresas han sido víctimas de ejecutivos que tomaron malas decisiones por incompetencia pura y llana. Pero, en estos casos, ¿quién tuvo realmente la culpa? ¿el ejecutivo que tomó la decisión errónea o el director que le dio la autoridad para decidir, a sabiendas de la incapacidad de aquel?

Si es importante seleccionar cuidadosamente a los empleados de los niveles bajos, mucho más importante es hacer un estudio completo antes de promover o contratar a quien formará parte del cuerpo directivo de la organización.

No es raro escuchar acerca del fracaso de un director comercial que antes había sido el mejor vendedor o el mejor gerente de marca de la compañía. Este es sólo un ejemplo de que el éxito en un puesto no garantiza el éxito en otro de mayor jerarquía. Cuando se promueve a un buen empleado a otro puesto sin hacer el estudio correspondiente, se está arriesgando a perder al otrora buen empleado.

Mientras más alto se está en la pirámide organizacional, más cualidades se requieren. Hay personas que las tienen; otras, que están dispuestas a adquirirlas; pero hay otras que simplemente no desean hacerlo. Estas últimas son las que más riesgo representan cuando llegan a formar parte del cuadro directivo.

No Formar Cuadros Medios de Gerencia

En muchas empresas existe un vacío importante por la falta de gerentes capaces de nivel medio que interpreten correctamente las políticas y estrategias de la empresa y que ejecuten los planes de acuerdo a lo especificado.

Los puestos pueden existir, pero las personas que los ocupan pueden no estar preparados para asumir adecuadamente su responsabilidad de una manera profesional, y sólo fungen como mensajeros de los gerentes de los niveles superiores. Son los que siempre "echan por delante" al jefe cuando es necesario hacer valer una política o asignar una tarea desagradable.

Por lo general esos puestos son ocupados por empleados que demostraron un rendimiento superior al de sus colegas, y eso está muy bien, el problema estriba en que al ser ascendidos a una posición superior no se les capacitó para asumirla adecuadamente, así que se convierten en capataces, expertos en el manejo del látigo y en el arte de ganarse el odio de sus excompañeros.

Un cuadro medio de gerencia, integrado por personas capaces, con iniciativa, con habilidades de liderazgo, con un amplio conocimiento de los objetivos, estrategias y políticas de la compañía, con un gran cariño por su empresa y con una sincera preocupación por el bienestar y desarrollo del personal a su cargo, es el activo más valioso de una empresa, por lo que no hay inversión demasiado grande que se pueda hacer para desarrollarlo y mantenerlo.

Demorar Decisiones Desagradables

En el curso de la vida de la empresa se presentan situaciones en las que es necesario tomar decisiones de naturaleza muy difícil que ponen a prueba el temple del director.

Estas situaciones son de diferentes tipos, pero entre los más difíciles se encuentran las relacionadas con el despido de personal.

A muchos directores les "tiembla la mano" para despedir personal, especialmente cuando es necesario separar a un gran número de empleados.

Un amigo mío, consultor de empresas, dice que lo que más le gusta de su trabajo es no tener que enfrentarse a decisiones de esa índole. Cuando mucho, podrá sugerir al director de una empresa que utiliza sus servicios de asesoría que es necesario despedir a x número de personas, pero él no tiene que ejecutar la acción.

Hay directores que agonizan tratando de buscar una alternativa y, mientras lo hacen, el tiempo transcurre y el problema se agrava. Entonces, en lugar de despedir a 100 personas, por nombrar una cantidad, se ve forzado a separar a 130.

Generalmente, cuando se hace necesario despedir a mucho personal es porque es requerido disminuir los gastos drásticamente y, siendo la nómina uno de los renglones de gasto más grandes, la acción a tomar es clara.

En otras ocasiones, simplemente sobra personal y hay que depurar la nómina en el afán de optimizar las utilidades de la empresa.

El Director tímido tiene que comprender que cuando es necesario tomar una decisión de esa naturaleza, debe hacerse para asegurar la supervivencia de la compañía y para que la fuente de trabajo permanezca para los empleados que se quedan.

No Preparar un Sucesor

Muchas empresas han perecido al morir su presidente cuando éste no ha dejado a un sucesor capaz y comprometido con la empresa. Existen numerosos empresarios que seguramente creen que son inmortales y mantienen con firmeza el poder aunque se encuentren a un paso de la tumba. En algunos casos ni a sus hijos les tienen confianza, y éstos prefieren estar lejos de los negocios de su padre, y cuando éste muere no se interesan en dirigir sus empresas, las cuales, en el mejor de los casos, son adquiridas por algún consorcio.

Se tienen también muchos casos en los que el presidente de una compañía, sin ser el dueño mayoritario, evita a toda costa la preparación de un sucesor. Pareciera que cree que si forman a su reemplazo, el consejo de administración pronto le pedirá que deje su lugar al sucesor, quizá por ser más joven o mejor capacitado técnicamente.

Muchos directores creen que su sucesor debe ser idéntico a ellos, y cuando no encuentran a una persona que reúna sus especificaciones, prefieren no preparar a nadie. Esto es un gran error. Está comprobado que un sucesor, diferente en muchos aspectos al director reemplazado, puede tener tanto o mayor éxito que éste.

Los directores que utilizan mano dura para dirigir su empresa pueden pensar que ésta decaerá si su reemplazo utiliza métodos más humanos para dirigirla. Para ellos es inconcebible que los empleados puedan dar resultados si no se les trata con dureza y disciplina.

Formar a un sucesor puede tomar años, así que nunca es demasiado pronto para iniciar el proceso. Pero esto no sólo es válido para el director general, también lo es para los directores de área, pues un buen director comercial que deja la empresa por cualquier motivo, puede abrir un enorme boquete a la compañía. Además, si un director de área tiene preparado a un sucesor, podrá ser promovido sin temor a dejar una posición débil en la organización.

Creerse Omnipotente

Recientemente leí en la revista Business Week (Abril 1, 1991) un artículo titulado "CEO Disease" (Enfermedad del Director Ejecutivo), en el cual se hace una crítica de los directores a los que se les ha subido el puesto a la cabeza, al grado que anteponen sus intereses a los de los accionistas, con ominosos resultados para la empresa.

A esto llaman la Enfermedad del Director Ejecutivo: "Los síntomas son demasiado familiares. El jefe parece ya no entender el negocio. Toma las decisiones lentamente y luego las cambia abruptamente. Cree que es infalible y rehusa admitir sus errores. Comienza a rodearse de aduladores en su cuerpo directivo y en el consejo de administración. Pasa demasiado tiempo fuera del trabajo, haciendo el papel de diplomático en comités cívicos, o bien, formando parte de consejos de administración de otras empresas. Desea siempre tomar todas las decisiones, pero no se preocupa por considerar todos los detalles. Trata siempre de ser el director mejor pagado y con las mejores prestaciones de la industria. Desea siempre ser tratado como rey, al grado de exigir a sus empleados que se pongan de pie cuando él entra a una sala de juntas. Busca perpetuarse en el puesto, y para ello elimina a sus posibles sucesores. Busca la atención de la prensa, pero por interés personal no para beneficio de la compañía".

Esta es una buena lista para practicar un examen de conciencia. ¿Cuándo fue la última vez que se autoevaluó?

Esta enfermedad, por fortuna, tiene curación. Pero requiere de una enorme fuerza de voluntad reducir el ego a su tamaño natural, por eso muchos directores simplemente "fenecen" cuando la empresa lo hace o cuando el consejo de administración se decide a actuar con la autoridad y responsabilidad que los accionistas le han otorgado.

El artículo propone la siguiente terapia para combatir esa enfermedad:

— Elimine a los aduladores. Contrate ejecutivos dispuestos a decir lo que piensan, y cuando lo hagan, aguántese.
— Imponga límites a las prestaciones del puesto.
— Enfóquese en el trabajo. Evite demasiadas distracciones externas.
— No asuma que el liderazgo se define por la dureza con que actúa.
— Mantenga abiertos los canales de comunicación.
— Reconozca el valor de tener contacto con todos los empleados de la empresa.

Usar su Posición para Beneficio Personal

Un director deshonesto puede destruir a una empresa de la noche a la mañana y dejar a los accionistas con una mano adelante y otra atrás.

El director tiene muchas oportunidades de utilizar su puesto para beneficio personal. Por un lado tiene los gastos de representación que puede emplear no para representar a la empresa, sino para satisfacer el ego personal y quizás hasta un vicio. Por otro, tiene el poder para decidir en negociaciones que le pueden producir pagos por "debajo del agua"

Cuando estaba yo encargado de la construcción de una planta química en el sureste de México, un contratista que competía para la fabricación de un gasoducto se me acercó para ofrecerme un soborno a cambio de otorgarle el contrato, pues sus precios eran superiores a los de los otros contratistas. Me negué y le dije que ya había tomado mi decisión; sin embargo, dos días después el director me llamó para informarme que él había decidido darle el trabajo al contratista sobornador. Nunca sabré lo que realmente ocurrió, pero todo indica que el director sí aceptó el soborno. Justificado o no, desde ese día le perdí la confianza a mi director y también la admiración que le profesaba.

Si un director suele caer en esta clase de tentación, puede provocar, por un lado, inversiones excesivas y, por otro, la posibilidad de problemas serios por la baja calidad de los productos, equipos, etc., comprados al proveedor que le ofrezca un soborno.

No Estar en el Centro de la Acción

Es muy cómodo tratar de dirigir una empresa desde la oficina más grande y mejor decorada del edificio. Es cómodo también dar órdenes telefónicas y dictar instrucciones a su secretaria para sus subordinados y, mientras hace eso, el destino de la empresa se gesta en la fábrica, en las tiendas que venden sus productos, en la sala de ingeniería, en el departamento de crédito y cobranza y en cada uno de los espacios ocupados por el personal.

Hay incluso oficinas de director que tienen salida directa al estacionamiento para que no tenga que pasar entre la "plebe" y, mientras tanto, el destino de la empresa se gesta en........

El director moderno ya no puede estar sentado todo el tiempo detrás de su escritorio, como si fuera un ídolo olmeca. Las nuevas circunstancias empresariales demandan que tenga más contacto con el personal, pues no faltará la empresa en la que los empleados crean que su director es un mito porque nunca lo han visto. Pero el contacto no es con el objeto de que los empleados sepan que existe, sino que el director conozca, de primera mano, las inquietudes, los sentimientos y las experiencias de quienes hacen el trabajo.

También debe conocer a los clientes tanto institucionales como usuarios finales. Algunas tiendas departamentales de Estados Unidos obligan a sus directivos a pasar varias horas o días, periódicamente, atendiendo clientes en los diferentes departamentos de las tiendas como vendedores de piso.

Enriquecer a los Dueños al Tiempo que la Empresa se Empobrece

No es raro ver empresas que apenas tienen dinero para pagar la nómina y cuyo equipo, maquinaria e instalaciones se deterioran más cada día por falta de mantenimiento. Además, y por si fuera poco, su participación en el mercado es cada día más pequeña por la deficiente calidad de sus productos y por el mal servicio que dan a sus clientes.

Las bajas ventas y los altos costos de producción, causados por las malas condiciones de la maquinaria y por la improductividad de los empleados y obreros, hacen que la empresa vaya de picada.

Sin embargo, al ver a los dueños, uno jamás imaginaría que su empresa esté en problemas. Autos de lujo, comidas en los mejores restaurantes, elegantes mansiones, viajes por todo el mundo, volando siempre en primera clase, son algunas de las formas en que ellos sangran a su ya de por sí anémica empresa. Pero esas prestaciones no sólo las disfrutan ellos, sino que también las hacen extensivas a su esposa e hijos y a las cónyuges de éstos. Tampoco quedan fuera las amiguitas.

Con sus excesos privan a su empresa del dinero necesario para modernizar su planta, para desarrollar nuevos productos y para capacitar y motivar al personal y así aumentar su productividad.

¿Por qué lo hacen? Algunas razones pueden ser las siguientes:

- Desconfianza en el gobierno, por lo que sacan del país todo el dinero que pueden.
- Falta de cariño por su empresa. Esto ocurre a muchos que han heredado la compañía de su padre.
- Falta de visión del futuro.
- Egocentrismo o complejo de inferioridad.
- Pura y simple irresponsabilidad.

Permitir Conflictos de Interés

Cuando un director permite que sus gerentes tengan por fuera negocios compatibles con el de la empresa, pronto ésta se convertirá en botín.

En un caso, el director de la compañía dio su anuencia para que el gerente de ventas tuviera una tienda dedicada a la distribución de los productos de la empresa. Al poco tiempo, la oficina de dicho gerente se convirtió en un anexo de su tienda, al grado que se aceptaban llamadas por cobrar para hacer pedidos a la tienda, la cual, para entonces ya distribuía productos de otras empresas. Por si fuera poco, los antes leales clientes de la compañía empezaron a reclamar y a dejar de comprar su producto porque el gerente de ventas les estaba haciendo competencia desleal al ofrecer mayores descuentos a minoristas. Y lo podía hacer ya que los gastos de promoción de su negocio corrían por cuenta de la empresa que lo empleaba.

En un principio podría parecer como un buen instrumento de motivación el dar ese tipo de concesiones a alguno o algunos ejecutivos clave, pero, tarde o temprano, la ambición puede hacerlos que le dediquen más tiempo a su negocio, y utilizando recursos de la empresa.

Ser Fuente de Contaminación y no Hacer Nada o lo Suficiente para Reducirla o Eliminarla

Las empresas contaminadoras están condenadas a la extinción, a menos de que resuelvan el problema, porque la campaña ecologista mundial ha llegado para quedarse hasta el fin del mundo.

Ya no habrá marcha atrás. El mundo ha aprendido la dolorosa lección que el caos ecológico nos ha enseñado. Y cada vez la legislación y las normas para controlar la emisión de contaminantes serán más rígidas y severas, así que las empresas que no se ajusten a las medidas requeridas para eliminar o reducir a niveles aceptables las cantidades de contaminantes, simplemente no podrán seguir operando.

Participar en la reducción de la contaminación no debe hacerse por obligación sino por el convencimiento de que la empresa tiene una responsabilidad cívica como parte que es de la sociedad, y porque los hijos de los empresarios tendrán que vivir en el mundo que éstos quieran heredarles.

No Instalar un Programa de Calidad Total en la Empresa

No faltará el director que crea que el concepto de calidad total sólo es una más de las tantas técnicas gerenciales que nacen y mueren, haciendo ricos, a su paso, a muchos consultores y capacitadores.

En lo personal, creo que el concepto de calidad total es mucho más que una técnica gerencial: es una actitud mental, una cultura, una manera de pensar, una forma de vida; y las compañías que no lo adopten seguirán el camino de los dinosaurios, porque las empresas que sí lo hagan les sacarán una enorme ventaja en la carrera por la conquista de los mercados.

La calidad total en las empresas es el equivalente de la superación personal en los individuos, y están íntimamente ligados. La primera no puede existir sin la segunda.

La calidad se origina en la mente de las personas -no sólo en la de los ejecutivos- sino en la de todos los empleados que trabajan en una empresa, y se caracteriza por el deseo que todos tienen de ser mejores seres humanos. La calidad en todo lo que hacen viene por añadidura.

Mientras no se vea la calidad total como esa necesidad de superación de todos los empleados, los directores tratarán de implantarla por decreto y, de ser así, el resultado será que muy pronto el programa se olvidará, como otras técnicas de moda que se han perdido en los anales del pensamiento gerencial.

Cuando un director decide, con toda seriedad, implementar el concepto en su empresa, debe hacer el compromiso de llegar hasta el final del camino, y debe aceptar que el proceso será largo y penoso. Pero, cuando llegue, se dará cuenta de que el esfuerzo habrá valido la pena.

Dar Motivos Para Ser Secuestrado

Los plagiarios de ejecutivos siempre están a la caza de sus víctimas. Como es obvio, los principales candidatos son los empresarios que hacen ostentación de su riqueza: viajan en los autos más caros y viven en las mansiones más lujosas localizadas en las zonas residenciales; pero como no se consideran secuestrables, no toman medidas preventivas.

En vez de tener guardaespaldas y hábitos impredecibles, esos empresarios secuestrables salen de su casa a la misma hora todos los días, usan el mismo auto, toman la misma ruta para ir a la oficina y para regresar a casa, comen en los mismos sitios y a la misma hora y, lo peor, hacen ostentación de su riqueza en cuanta oportunidad se les presenta. No se dan cuenta de que no sólo ponen en peligro su vida, sino también la de su empresa; primero, porque su ausencia puede ocasionar un grave retroceso de la compañía y, segundo, porque el dinero que se pague como rescate puede hacerle un enorme agujero financiero.

Resistirse a Formar Alianzas

Los latinos tendemos a ser individualistas, por eso nos resistimos a asociarnos con otros, aunque por ello expongamos la vida.

Muchos empresarios se resisten a efectuar alianzas con otros empresarios por razones tan diversas y tan tontas como las siguientes:

- Por desconfianza
- Por miedo a perder poder
- Por celos profesionales
- Por temor a revelar información
- Por soberbia

En estos días de globalización económica en que la competencia surge de todas partes con productos mejores y más baratos y con servicio de alta calidad, la empresa que no se apoye en las ventajas competitivas de otras compañías para crear sinergia con las propias ventajas, está destinada al fracaso.

Hasta las grandes empresas mundiales hacen alianzas con sus competidores más acérrimos, como es el caso de Ford y Toyota. Y es que los mercados y las tecnologías son tan complejos que es prácticamente imposible que una empresa tenga el dominio de ellos por mucho tiempo, así que no le queda más remedio que compartir el mercado con otros. Otra razón es la enorme cantidad de recursos que ciertas tecnologías requieren, lo que hace muy difícil para una sola empresa afrontar el financiamiento sin descapitalizarse.

Esta es la era de las alianzas. No reconocerlo puede significar para el empresario la desaparición traumática de su compañía cuando otras empresas aliadas entre sí le "echen montón".

Errores y Omisiones en el Area de Finanzas y Administración

Administrar la Funciones en Vez de los Procesos

La tecnología de la Calidad Total ha demostrado que la forma más eficaz de lograr calidad, bajo costo y productividad es tratar a las operaciones de la empresa como procesos y no como funciones. La razón es simple y lógica: Los procesos de la empresa no deben reconocer barreras funcionales; deben fluir sin interrupciones, desde el principio hasta el final.

Cuando se administra por funciones (ingeniería, producción, ventas, mercadotecnia, distribución, etc.), el flujo de los diferentes procesos de la compañía pueden demorarse al pasar por las diferentes funciones si no se les reconoce como procesos continuos. Por ejemplo, el proceso de atender el pedido de un cliente debe tener un flujo ininterrumpido, independientemente de que intervengan los departamentos de ventas, servicio al cliente, informática y distribución, y estos departamentos deben ver este proceso de una manera total y no sólo en la parte que les corresponde, y todos deben preocuparse de igual manera para que el proceso sea lo más eficaz que sea posible en cuanto a tiempo, costo y calidad.

Los sistemas de calidad total y mejora continua han demostrado la eficacia de la administración por procesos. De hecho, la única forma de controlar la calidad es controlando los procesos, y la única forma de controlar los procesos es viéndolos y tratándolos como flujos continuos, independientemente de los departamentos funcionales involucrados.

No Contar con un Manual de Políticas Generales

He leído libros que sugieren tirar el manual de políticas a la basura. Sus argumentos pueden parecer lógicos, así que no dudo que muchos directores generales, que hayan leído dichos libros, tengan sus manuales en algún tiradero de basura.

En mi experiencia, los manuales de políticas son una excelente guía de administración que facilita la toma de decisiones y permite una buena delegación del director general hacia sus gerentes de área, y de éstos al siguiente nivel de supervisión, y así sucesivamente.

Me ha tocado también ver como la falta de dichos manuales ha propiciado la comisión de errores en todos los niveles de la organización, en especial cuando ocurren constantes cambios de director y de gerentes.

Vivir sin políticas y procedimientos puede llevar a una empresa al caos administrativo, por ello es vital diseñar políticas para todos los aspectos importantes de la organización, como son, entre otros:

- Personal
- Compras
- Ventas
- Crédito
- Inventarios
- Financiamiento
- Legal
- Producción

Cada uno con sus subdivisiones correspondientes.

Es también necesario que los gerentes de área las firmen en señal de aceptación para que haya compromiso de su parte en la implementación; pues de nada sirve tener políticas si los gerentes son los primeros en violarlas.

Es obvio también que las políticas no pueden, no deben, ser inflexibles, pues, de otra manera, la organización se vuelve acartonada y opuesta al cambio, tan necesario en el sano desarrollo de la empresa moderna.

Creer que el Presupuesto Anual es el Unico Plan que la Empresa Necesita

Es prácticamente imposible preparar un buen presupuesto anual sin contar con un mejor plan estratégico; de hecho, el presupuesto debe ser un elemento más del plan estratégico, pues corresponde a la parte cuantitativa de dicho plan. Es la cuantificación de los aspectos cualitativos de la estrategia para el año siguiente.

Por lo general, las empresas solamente extrapolan el presupuesto del año en curso y, cuando mucho, ajustan las cifras cuando conocen los resultados del año que terminó. Por desgracia, los mercados y el entorno en que se desenvuelve la empresa tiene muchos aspectos cualitativos que es necesario interpretar para sobrevivir y progresar, así que para preparar un buen presupuesto de ventas, costos y gastos, es absolutamente requerido un análisis detallado de cada uno de los elementos del entorno y los mercados, poniendo especial énfasis en los posibles cambios que ocurrirán. También es necesario evaluar las fuerzas y debilidades de la empresa en comparación con sus competidores. La información resultante, que debe contener estimaciones de la inflación, el tipo de cambio, el costo del dinero, del crecimiento del mercado, entre otros aspectos cuantitativos, y especulaciones sobre cambios en los gustos y necesidades de los consumidores, nuevos desarrollos tecnológicos en la industria, aspectos fiscales y políticos, y otros de índole cualitativa.

Todos los datos que se obtengan de dicho análisis, más los objetivos y misión de la empresa, deben ayudarla a formular estrategias para cada área de la compañía así como a diseñar una estrategia maestra que sirva de guía durante los siguientes tres o cinco años, y que permita preparar un presupuesto basado en lo que es más probable que ocurra y no en lo que los directivos quieren que ocurra. Así, será posible presupuestar las ventas basados en los cambios cuantitativos y cualitativos que sufra el mercado y en los aspectos económicos que afecten al negocio. De igual manera será posible determinar con cierta certidumbre los costos y gastos que habrá que erogar para obtener las ventas y utilidades deseadas.

Presupuestar Sobre Bases Falsas

El presupuesto anual de ventas, de gastos, de fondos, dado su tiempo de vida tan corto, debe ser un instrumento lo más preciso que sea posible, pues, de no serlo, el presupuesto se puede convertir en trampa mortal para la empresa.

Existen muchos elementos o renglones de los presupuestos que son atípicos en un año dado y que no pueden utilizarse para presupuestar para el siguiente año.

Muchas ventas no volverán a realizarse, muchos ahorros ya no se darán, el entorno económico, tecnológico, político, legal y social se encuentran en cambio continuo. Todo esto nos dice que presupuestar no debe ser un acto trivial, un mal necesario, sino que debe ser una actividad planeada y realizada con todo el talento y experiencia de todos los ejecutivos que participan en la preparación del presupuesto.

¿Qué pasará si las ventas se presupuestan con un valor demasiado alto o los gastos demasiados bajos? En ambos casos la relación de gastos a ventas puede incrementarse mucho con la consiguiente reducción de utilidades. En el primer caso, los gastos se mantienen al nivel de las ventas presupuestadas pero no logradas: en el segundo, los gastos reales exceden el valor de los gastos presupuestados, sobrepasando así el nivel requerido de gastos a ventas.

En un caso que viví de cerca, la empresa estaba perdiendo la distribución de una importante línea de productos que representaba casi el 50% de sus ventas. Para reemplazarlo, desarrolló otro producto que aún no estaba probado en el mercado, así que se desconocía si tendría éxito; sin embargo, en vez de tomar providencias reduciendo los gastos a un nivel de contingencia, estos se aumentaron. Cuando las ventas no se materializaron como se esperaba y no se redujeron los gastos a tiempo, el daño a las utilidades fue irreparable.

Presupuestar Solamente Mediante la Extrapolación de Resultados Anteriores

El mundo de los negocios no tiene el determinismo matemático de la física clásica, por tanto, no puede uno confiar en que el futuro será la extrapolación del pasado, y mucho menos en esta época en que los cambios se suceden a diario.

Tratar de extrapolar el futuro con base solamente en lo que ha ocurrido en la compañía en los meses o años anteriores, equivale a dejar de asumir una de las principales responsabilidades de la dirección: Crear el futuro de la empresa; porque el futuro no se crea extendiendo una línea en una gráfica. El futuro que el director quiere para su empresa debe planearlo tomando en cuenta muchas situaciones. Es el resultado de un análisis detallado de todos los conceptos que conforman un plan estratégico como lo hemos visto en otra parte de esta obra.

Proyectar el futuro en una gráfica puede resultar mortal para la empresa porque si, al dejar de considerar la realidad del mercado, la desviación de los resultados respecto de lo presupuestado es muy grande, el costo para la compañía puede minar grandemente su capacidad financiera.

Hoy en día, el cambio continuo parece ser la marca del fin de siglo, y todo indica que esa será la tendencia del próximo, por la velocidad de los avances tecnológicos y por el reacomodo sociopolítico que está ocurriendo en todo el mundo. Así que, tratar de extrapolar el futuro con base al pasado, para tomar las decisiones que pueden significar la supervivencia de la empresa, puede equipararse con el juego de la ruleta rusa.

No Tener Sistemas de Control Adecuados

Es preferible tener excesos de control que controles mínimos, ya que es más fácil eliminar los que sobren que implantar los que faltan.

El control interno es vital para la supervivencia de toda empresa. Donde existe descontrol existe también fuga de recursos. Esta es una verdad indiscutible; sin embargo, no es raro encontrar empresas importantes que adolecen de controles suficientes.

Los empleados deshonestos que, por desgracia, los hay y que todas las empresas tienen, poseen la habilidad para detectar dónde pueden meter la mano sin ser descubiertos, precisamente por la falta de controles adecuados, y cuando menos se da uno cuenta, grandes cantidades de dinero, en forma de mercancías, artículos y equipo de oficina y también en forma de billetes, habrá desaparecido.

Otro recurso que también desaparece en cantidades enormes es el tiempo, pues por falta de controles apropiados se pierde mucho tiempo del personal y de los directivos.

Con la proliferación de equipos de cómputo y de paquetes de programación, es posible controlar prácticamente todo de una manera más sencilla que cuando era necesario hacerlo todo a base de papel y lápiz.

No Contar con un Sistema Oportuno de Información Financiera y Operacional

En otro punto hablamos de que no se puede dirigir a una empresa solamente por medio de números, por el riesgo que existe de ser "atropellados" por algo no cuantificable. Sin embargo, tampoco se puede administrar sin utilizar números relevantes, suficientes y oportunos.

Las cifras indicadoras de la marcha del negocio son vitales para tomar decisiones adecuadas e inteligentes. La falta de dichas cifras entorpece la toma de decisiones o nos conduce a tomar decisiones equivocadas.

El balance general, el estado de resultados, el estado de origen y aplicación de recursos, el estado de flujo de fondos, los reportes de ventas, de tesorería, de producción, de costos, de cartera, de inventarios y tantos otros que ahora pueden ser generados fácilmente por medio de la computadora, son herramientas vitales para que el director pueda decidir oportuna e inteligentemente acerca de situaciones rutinarias y estratégicas.

El secreto para obtener el mayor provecho de un sistema de información consiste en tener sólo los datos que son pertinentes y hacer que éstos lleguen a quienes realmente los necesitan; de otra manera, los ejecutivos se verán inundados de información que, por volumen y complejidad, no es posible utilizar.

No Tomar en Consideración los Efectos de la Inflación

La inflación es un cáncer que ataca por igual a consumidores y a empresas. Pero a pesar de lo irrefutable de esta aseveración, muchos directores de empresa no la toman en cuenta en su proceso de planeación.

La inflación nos hace cambiar las reglas del juego y nos obliga a tomar decisiones muy diferentes de las que tomaríamos en otras circunstancias. La fijación de precios es uno de los aspectos más importantes que deben adecuarse a la inflación. En otra parte de este libro se detalla el por qué y el cómo.

Pero también importantes son otros elementos como los inventarios, el financiamiento externo, las cuentas por cobrar, los pasivos, la planta y el equipo. Todos se ven afectados de alguna manera, y es necesario saber cómo para planear eficazmente su utilización.

Reponer los inventarios será más caro; las tasas de interés serán mayores para defender el ahorro y evitar así la fuga de capitales. El riesgo de una devaluación será más factible; la cartera no cobrada valdrá menos cada día; el remplazo del equipo requerirá una inversión mayor; la obtención de créditos se hará más difícil porque el gobierno restringirá la circulación de dinero para abatir la inflación.

Todo esto lo hemos vivido ya en países como México, Argentina y Brasil, y la experiencia ha sido dolorosa.

Por la falta de visión de sus directores, muchas empresas han desaparecido en estos países y es probable que aún no sepan qué fue lo que los "atropelló".

No Utilizar Costos de Reposición en la Fijación de Precios

En un ambiente inflacionario, fijar precios utilizando costos históricos puede producir una importante descapitalización en poco tiempo, pues, cuando sea necesario reponer el inventario, habrá que invertir más dinero para fabricar o comprar la misma cantidad de producto, y si no se tienen suficientes fondos, habrá que producir o adquirir menos producto. Si sólo se tuviera un producto, teóricamente llegará el momento en que ya no sería posible tener más producto y, como además del costo también aumentan los gastos de operación, la descapitalización se aceleraría.

Por lo anterior, es necesario determinar el precio utilizando los costos de reposición de las materias primas y componentes. De hecho, en economías con alta inflación, se llegan a utilizar los costos de reposición no del día en que se fija el precio, sino de fechas posteriores.

Se puede argumentar que esta práctica alienta la inflación, lo cual es cierto, pero la empresa no tiene la culpa, es tan sólo otra víctima de los desajustes económicos causados principalmente por los gobiernos en su afán de planificar su economía, en vez de dejarla a las fuerzas del mercado

No Prestar atención al Balance General

Por lo general, los directores y los empresarios prestan más atención al estado de resultados que al balance porque aquel es el que refleja de manera más obvia cómo se está comportando la empresa en relación al presupuesto.

Pareciera que lo único que importa son las ventas, los costos de ventas, los gastos generales y financieros, y las utilidades; y se menosprecia lo que, al final de cuentas, refleja la verdadera salud de la compañía: los activos, los pasivos y el capital.

Las ventas pueden ir viento en popa al tiempo que los inventarios muestran partidas importantes de producto obsoleto; y las cuentas por cobrar, grandes cantidades de deudas de cobro dudoso.

Las utilidades pueden ser o exceder las que se presupuestaron en el papel, al tiempo que el apalancamiento está en un punto de franco riesgo.

Estos son sólo algunos aspectos del balance que si no se vigilan, pueden dar al traste con el entusiasmo que genera el estar cumpliendo el presupuesto económico (ventas, costos, gastos y utilidades).

No Vigilar la Calidad de las Utilidades de la Empresa

Es muy fácil maquillar los estados financieros para generar, en el papel, utilidades que realmente no existen pero que pueden impresionar a un Consejo de Administración ajeno a la realidad de las operaciones de la empresa, como muchos lo son. Y si, además, el director no está involucrado en los detalles de la revisión de los estados financieros -quizá por el tamaño de la empresa- se corre el riesgo de que dichos estados no reflejen la verdadera situación de la compañía, y de que, al utilizarlos para la toma de decisiones, se incurra en graves errores de posibles consecuencias fatales.

El director debe considerar la estabilidad de los componentes del estado de resultados (ventas atípicas, ahorros no repetibles, venta de activos, etc.), la aplicación correcta de los principios de contabilidad generalmente aceptados, la veracidad de los componentes del balance (inventarios obsoletos, cartera incobrable, activos fijos inservibles, etc.), el diferimiento de costos y gastos, y todo aquello que pueda "inflar" los resultados, o que sean de carácter temporal y no representen el desarrollo futuro de la empresa.

Tener un Apalancamiento Financiero Excesivo

Los panteones corporativos están llenos de empresas que incurrieron en deudas superiores a su capacidad de pago.

Una regla financiera indica que se puede incurrir en deuda si la rentabilidad que se obtenga de la inversión de la misma sobrepasa el costo, después de impuestos, de dicha deuda.

Si una empresa tiene un costo financiero superior a la rentabilidad generada por la operación, tarde o temprano será incapaz de pagar el servicio de su deuda.

Existen casos muy conocidos de crisis financieras motivadas por el apalancamiento excesivo. En México tenemos el caso del grupo Alfa cuyo problema se vio agravado por la devaluación de 1982, ya que su deuda era en dólares. En U.S.A. dos casos son el de LTV y el de Massey Ferguson.

El problema de sobreapalancamiento suele presentarse cuando la empresa se endeuda en exceso para financiar una expansión agresiva y, después, el flujo de efectivo no genera suficientes fondos para cubrir la deuda porque las cosas no resultaron como se planearon; es decir, las ventas no fueron tan altas como se pensó y los costos y los gastos excedieron las predicciones.

No Identificar qué Actividades Producen Dinero y cuáles lo Consumen

Cuando la empresa pasa por buenas épocas, es fácil perder de vista los flujos de dinero. No hay nada más confortante que tener excesos de tesorería.

Pero es precisamente, en esos buenos tiempos, que se hace necesario consolidar la posición financiera de la empresa para que soporte con tranquilidad los tiempos malos que están fuera de su control, como ocurre cuando la economía entra en recesión.

Es obligación del director revisar con frecuencia (cada mes, por lo menos) los orígenes y las aplicaciones del efectivo así como la rentabilidad de cada línea de producto. Asimismo, debe identificar el costo y el beneficio que produce cada departamento de la compañía.

Para cada departamento debe preguntarse:

¿Es absolutamente necesario?
¿Puede otro departamento asumir las funciones de éste?
¿Qué pasaría si lo desaparecemos mañana?

¿Es seguro que no le sobra personal?

¿Puede operar con menores gastos?

¿Qué pasaría si le reducimos el presupuesto de gastos en X%?

¿Cómo puede aumentar su contribución a los ingresos de la empresa?

No Prestar Atención Suficiente a la Disponibilidad de Efectivo

Es fácil dejarse cegar por una buena racha de ventas. Cada mes se logra e, incluso, se excede el presupuesto de ventas, y todo parece marchar de maravilla; sin embargo, la empresa de pronto no tiene dinero para pagar los sueldos ni a los proveedores. ¿Qué pudo haber ocurrido? La causa más probable es que se haya descuidado un elemento muy importante de la operación de una compañía: el flujo de efectivo.

Mientras uno está absorto viendo cómo entran los pedidos a la empresa, por otro lado está saliendo el dinero. De aquí la importancia de:

- Vender sólo lo que se va a poder cobrar.
- Tratar de recuperar todo lo que nos deben, en especial las deudas antiguas, porque mientras más añejas se hacen más improbable es cobrarlas.
- Vigilar todos los egresos de dinero. Incluso conviene revisar con frecuencia las pólizas de cheques para saber en qué se está gastando el dinero.
- Instituir un buen sistema presupuestal que permita identificar las variaciones y tomar las acciones pertinentes para corregir la desviación.

No ser Agresivo para Cobrar

El departamento de cobranza es tan importante como el departamento de ventas, pues la venta que no ha sido cobrada no es una venta consumada.

A pesar de que todos los directores aceptan como verdad absoluta la afirmación anterior, en muchas empresas no se hace una labor efectiva de cobranza.

Las razones pueden ser muchas, entre las cuales destacan las siguientes:

- Controles deficientes.
- Incapacidad del jefe de cobranza.
- Falta de interés de la Dirección, por irresponsabilidad o porque la empresa tiene mucho dinero... por el momento.
- Poco interés en las cuentas pequeñas (aunque juntas representen un valor considerable).

Ahora bien, el problema no consiste sólo en cobrar, sino en cobrar oportunamente. Por lo general, todas las empresas cobran tarde o temprano la mayoría de sus cuentas, pero cobrar tarde tiene un alto costo por las tasas de interés, y aunque no se recurra al financiamiento externo, se incurre en un costo de oportunidad.

En un caso que tuve oportunidad de conocer, un cliente en Venezuela murió debiendo a una empresa mexicana la friolera de 700,000 dólares. Los directivos de la compañía, por razones inexplicables, fueron a Caracas a cobrar, seis meses después del deceso del cliente. Como es obvio, ya no encontraron nada, pues los demás acreedores y los herederos, y seguramente el gobierno y los empleados, sacaron todo lo que pudieron. Tres años después, a mi saber, ni siquiera han conseguido suficiente evidencia para cancelar la cuenta y obtener el crédito fiscal correspondiente.

En este caso, es evidente que a los directivos no les interesaba mucho cobrar, a pesar de que su empresa se encontraba en serias dificultades financieras. Y sí, sí se enteraron oportunamente de la muerte del cliente.

No Vigilar la Nómina

La nómina es uno de los renglones más caros en la operación de toda empresa; de hecho, para muchas es definitivamente el concepto de gasto más grande. Por lo anterior, es obvia la necesidad de vigilarla muy de cerca para evitar sorpresas desagradables.

Si no existe una política casi inflexible que controle todos los movimientos de la nómina, sea en número de empleados, en salarios y prestaciones o en ambos, es muy posible que pronto se tengan mucho más empleados de los que se requieren, o que el valor de los sueldos y prestaciones se eleven a niveles muy altos. Ambas situaciones afectarán de manera irremisible a las utilidades. Cuando se tienen demasiados empleados, la productividad tiende a disminuir, primero porque los empleados adicionales estorban a los demás y, segundo, porque cuando un empleado no está ocupado todo el tiempo, los que sí lo están se resienten y bajan su nivel de actividad.

Como un problema adicional, se tiene la dificultad y el alto costo de eliminar plazas de trabajo. Cuando hay muchos despidos en una empresa, la motivación del personal se reduce notablemente y el temor resultante hace que la productividad tenga una caída drástica.

Por todo lo anterior, es más apropiado que el director se involucre activamente en la aprobación y vigilancia de la nómina, ya sea mediante la autorización de toda nueva contratación y de todo incremento de sueldo, o mediante la revisión selectiva de la nómina, para asegurarse de la correcta aplicación de las políticas respectivas, las cuales deben especificar de manera muy precisa las atribuciones que los gerentes pueden tener respecto de contrataciones y aumentos de sueldos.

No Reducir los Gastos de Operación Cuando se Anticipa una Baja de Ventas

Muchas empresas se han ido a la ruina por resistirse a reducir sus gastos operativos ante una disminución del volumen de ventas.

En una empresa de las que rehabilité, la gerencia anterior había perdido la distribución de una línea de productos que generaba una gran parte de sus ingresos. Supo que ello ocurriría con suficiente anticipación; sin embargo, mantuvo el mismo número de empleados relacionados directamente con esa línea de productos, y no hizo ningún ajuste en otros departamentos que también tenían que ver con el manejo administrativo de la línea.

El resultado no se hizo esperar: las utilidades se desplomaron ese año, especialmente porque se trató de introducir otra línea para remplazar los ingresos de la otra. Pero la nueva línea no tenía ni el prestigio ni el atractivo de la anterior; y como se gastó mucho en tratar de lanzarla al mercado, el problema se multiplicó.

Cuando se prevé una reducción en las ventas -cualquiera que sea la causa- es necesario ajustar de inmediato la nómina y cortar los gastos a un nivel que refleje la nueva realidad.

Si no se hacen esos ajustes al presupuesto, la gente seguirá gastando como si nada fuera a ocurrir. Creo que todo director está familiarizado con este fenómeno.

Cuando se trata de remplazar una línea de productos por otra, no conviene ser tan optimista. Es mejor asumir una postura cautelosa y no poner toda la carne en el asador. Es preferible bajar los gastos e ir abriendo la cartera poco a poco según sea la respuesta del nuevo producto en el mercado, porque si no se obtienen los resultados previstos en términos de ventas, el costo del lanzamiento puede descapitalizar a la empresa.

No Prestar Atención a los Gastos Pequeños

Las famosas "cajas chicas" que, como plaga, abundan en todas las empresas, son verdaderas coladeras de dinero que, a lo largo de un año, representan pequeñas fortunas.

En muchas compañías, las cajas chicas son utilizadas para efectuar gastos que de otra forma no se harían, por ello, la importancia de eliminarlas o, por lo menos, reducirlas al mínimo posible.

En empresas cuyo tamaño lo permita, se puede tener una sola en la Caja General. Además, debe especificarse con precisión el tipo de gastos que pueden efectuarse a través de ella, así como el monto máximo que se puede erogar.

Existe otra serie de gastos que por su bajo monto relativo no son muy notorios, pero que en conjunto representan una enorme cantidad al finalizar el año fiscal de la empresa.

El Director debe buscar esos gastos en los anexos de los estados financieros cada mes para identificarlos. De hecho, si en los anexos no aparece su origen de manera clara, debe solicitar que le muestren las pólizas de cheques para determinar su naturaleza.

Muchos de esos gastos suelen aparecer mes tras mes, y tienen que ver con cosas que se hacían en el pasado pero que ya no se justifican, o bien, actividades que pueden ser eliminadas sin consecuencia alguna.

Permitir que los Costos y los Gastos Aumenten más Rápidamente que las Ventas

Obviamente, si los costos y los gastos aumentan con más rapidez que las ventas, el efecto se siente directamente en las utilidades. El departamento de ventas puede presupuestar volúmenes irreales de ventas para justificar un incremento importante de los gastos. Al finalizar el año lo más probable es que no se alcance la meta de ventas, pero que el gasto sí alcance los valores presupuestados, con el consecuente efecto en las utilidades.

Todo Director General se alegra cuando su Gerente de Ventas le promete un gran año en ventas, pero no debe dejarse llevar por la emoción. Todo presupuesto debe estar basado en un conjunto de premisas válidas, fundamentadas en hechos y en tendencias reales, y no en simples buenas intenciones.

Así mismo, no es obligatorio que los gastos mantengan, año con año, la misma relación a ventas. La tendencia debe ser que cada año esa relación sea menor, aunque sea unos cuantos puntos porcentuales.

Además, debido a que un presupuesto es un intento de predicción del futuro, es mejor dejar un colchón en los gastos por si no se produce la venta pronosticada. En todo caso, sólo aquellos gastos que influyen directamente en el volumen de ventas deben guardar la proporción con dicho valor. Los gastos indirectos deben aumentar solamente en el nivel en que aumente la inflación, aunque no estaría de más revisarlos para eliminar aquellos que no sean relevantes y reducir todos los que sea posible.

No Controlar los Gastos de Viaje y de Representación

¡Oh, cuentas de gastos, cuántos crímenes se cometen en tu nombre!

Así como el fisco trata de eliminar la deducibilidad de los gastos, así la empresa debiera reducirlos al mínimo, pues representan una licencia para practicar el dispendio.

Por desgracia, muchos Directores Generales son los primeros en practicarlo, a veces con la bendición del Consejo de Administración. El problema es que representan un alto costo para la empresa y que no siempre causan beneficios a la misma. Y el problema se agrava ahora que el fisco está poniendo más trabas para permitir su deducibilidad.

Y por si fuera poco, muchos Directores continúan realizando gastos superfluos aunque su empresa esté atravesando por tiempos difíciles, y eso lo notan los empleados de inmediato, lo cual resulta en una baja en su motivación, que a su vez redunda en menor productividad.

Todo gasto de representación debe tener un beneficio implícito, de otra manera sólo será un acto de dispendio. Así que se debe exigir a los ejecutivos que documenten con precisión todos los gastos de representación que realicen para poder hacer el seguimiento correspondiente, ya que si el gasto fue justificado, debe haber algún resultado como consecuencia.

Si les pide justificación de sus gastos, verá que, como por arte de magia, éstos disminuyen, lo cual probará lo superfluo de dichas erogaciones.

No Revisar los Egresos con Frecuencia

El dinero se va como el agua. En toda empresa existe un cúmulo de pequeños gastos que en conjunto representan una enorme cantidad de dinero. Las cajas chicas, por ejemplo, si no se vigilan con frecuencia, pueden sangrar la tesorería de la empresa.

El director debe revisar con cierta periodicidad una muestra selectiva de los egresos realizados para determinar si existió una buena razón para hacerlos. De preferencia, si el tamaño de la empresa lo permite, debe firmar todos los cheques y, cuando esté ausente y otro ejecutivo los firme, pedirle que le entregue una relación de esos cheques.

Debe también reducir el número de cajas chicas: de preferencia, sólo deberá haber una en la caja general. El gerente administrativo o el contralor tiene la obligación de evaluar cada egreso realizado a través de las cajas chicas.

Para muchos gerentes y supervisores, las cajas chicas representan una gran oportunidad para realizar gastos que de otra manera no harían, pero también ofrecen oportunidades para realizar gastos personales con dinero de la empresa.

Pagar Comisiones Antes de Cobrar la Venta

No es raro que muchos vendedores renuncien a su puesto después de recibir comisiones por una "venta" jugosa que nunca será cobrada.

Ha habido casos como el de Dayco, narrado en otra parte de este libro, en los que el pago de comisiones representó una cantidad considerable de dinero que, sumada al valor de la mercancía no cobrada y a los gastos asociados de la venta, pusieron en aprietos financieros a las empresas en cuestión.

Los vendedores deshonestos pueden presionar a un cliente para que acepte más mercancía de la que realmente necesita, asegurándole que podrá devolver la que sobre e, incluso, ampliándole el plazo para pagar. Si hace esto con muchos clientes, las comisiones que recibirá pueden ser substanciales, así que puede decidir renunciar tan pronto las cobre. En la empresa se darán cuenta del ardid del vendedor cuando, al tratar de cobrar al cliente, éste devuelve la mercancía o se niega a pagar alegando que el vendedor le amplió el plazo.

Creo haber dado ya motivos suficientes para adoptar el saludable método de pagar comisiones sobre ventas cobradas

Inmovilizar el Capital en Productos de Venta Lenta u Obsoletos

En la industria editorial es común ver las bodegas llenas de libros que no volverán a venderse en los puntos de venta normales. Y los años pasan, y los libros continúan allí, ocupando espacio, empolvándose, volviéndose amarillas las hojas, devaluándose cada día más y más, sin que nadie se atreva a tomar una decisión al respecto.

En otras industrias ocurre lo mismo. Esos productos obsoletos que abarrotan los almacenes no son otra cosa que billetes apilados en estibas o en cajones, perdiendo valor cada momento.

Si el director se diera cuenta del capital que tiene allí inmovilizado, improductivo y reduciéndose en valor, quizás tomaría la decisión de rematarlo o de destruirlo para obtener un crédito fiscal. Así de sencilla es la decisión, pero parece que existe un gran temor por hacerlo, y es que tal vez no se atreven porque haciéndolo estarían aceptando que cometieron un error, y a nadie le gusta reconocer que se equivocó.

Por lo menos cada seis meses es necesario hacer una evaluación honesta de las posibilidades comerciales de todos los productos que se tienen en la bodega. Siempre habrá alguien que diga que cierto producto que no se ha vendido todavía tiene posibilidades. En esos casos se deben poner oídos sordos, ya que si después de haber hecho un esfuerzo adicional, el producto sigue acumulando polvo, lo único que resta es darlo de baja del inventario para que no siga adulterando el balance general.

No Contar con Buena Planeación Fiscal

Tan malo es pagar impuestos de menos como lo es pagarlos de más. Las tasas impositivas son tan altas que si no se aprovechan todas las facilidades fiscales (legales, desde luego), se puede incurrir en un gasto muy alto que impacte directamente en los resultados de la empresa.

Por lo anterior, es muy importante que el director y su gerente administrativo y de finanzas se asesoren por un buen especialista fiscal para que, además de evitarle cometer errores en la preparación de sus declaraciones fiscales, le ayude a determinar qué deducciones legales puede hacer y cómo puede manejar sus operaciones de manera que se optimice el costo fiscal.

Una inversión en buena asesoría fiscal puede ser una de las mejores inversiones que se pueden hacer hoy en día, dado el complejo sistema impositivo con el que tenemos que vivir.

Aceptar Contratos Desfavorables para la Empresa

En muchas ocasiones, por el afán de obtener algún negocio, el empresario acepta condiciones contractuales que en el futuro pueden convertirse en una carga pesada para la empresa.

En un caso de la industria editorial, una empresa firmó contratos con un autor famoso, para publicar varios de los libros de éste. El contrato estipulaba que el número máximo de ejemplares a imprimir sería de 10,000 y que, al completar dicho tiraje, sería necesario hacer un nuevo contrato.

Todo marchó muy bien hasta que un buen día (mal día para la editorial), el autor envió una carta en la que decía que ya no permitiría nuevas reimpresiones de sus obras.

Como, de hecho, los libros de ese autor eran los de más venta para la editorial, su pérdida representó un duro golpe para los resultados y liquidez de la compañía.

Todo contrato, en especial aquellos que pueden representar la vida o la muerte para una empresa, deben ser planeados, examinados, cuestionados y corregidos tanto como sea necesario para evitar caer en una trampa que puede ser mortal.

Tratar de Evadir al Fisco

En muchos países el gobierno ha sido muy paciente con los evasores fiscales y éstos saben que en caso de ser descubiertos pagan la deuda y la multa y recargos y vuelven a las andadas, confiando en que la probabilidad de ser descubiertos otra vez es mínima. Además, el fisco suele ser muy comprensivo y cancela cualquier acción penal en contra del evasor.

No más esa situación en nuestro país. El gobierno ha probado que está dispuesto a castigar al evasor con toda la fuerza de la ley, y las cárceles están llenas de empresarios distinguidos que no creyeron que el fisco pudiera llegar a esos extremos. Y lo peor de todo es que varios de esos empresarios han perdido todo, su empresa y sus bienes personales.

Ya no es negocio defraudar al fisco, como muchos empresarios pensaron en el pasado. Ahora es un riesgo que no vale la pena correr por todo lo que implica, especialmente la pérdida de la libertad, que puede ser mucho peor que la pérdida del patrimonio de toda una vida.

Con los nuevos sistemas de fiscalización que el gobierno está empleando, es un acto suicida tratar de evadir los impuestos. He escuchado a más de un empresario decir que trata de evadir impuestos porque de todas maneras los funcionarios se los roban. Pensar así sólo alienta la corrupción, porque seguramente ofrecerá un soborno al auditor fiscal que lo descubra para evitar que le aplique la ley.

No Tener Asegurados los Activos Adecuadamente

Existen innumerables casos de empresarios que han perdido su patrimonio de la noche a la mañana por causa de un incendio o de un fenómeno natural.

Confiar en las bajas probabilidades de sufrir un evento catastrófico es arriesgar todo en un juego de azar, aunque los nomios lo favorezcan.

Las primas de seguros no son baratas, pero deben considerarse como uno de los tantos costos de hacer negocios; además de que dan tranquilidad mental.

Muchos directores pierden el sueño cuando cae un aguacero de larga duración y saben que el agua puede dañar la mercancía y que ésta no está asegurada contra daños. Este es sólo un ejemplo de los problemas mentales que un seguro contra daños puede resolver.

Y qué decir de los robos de nóminas dentro de la misma empresa, o de daños a terceros por vehículos de la compañía. La lista es enorme.

Para una empresa pequeña, de las que a duras penas obtienen dinero para pagar los sueldos, el robo de éstos puede ser mortal si no se tienen asegurados adecuadamente contra robo.

No Tener Afianzados a los Empleados que Manejan Valores

En una empresa que dirigí teníamos vendedores a quienes dábamos importantes cantidades de mercancía para que la vendieran en distintos sitios de la ciudad y del país.

En más de una ocasión resultó que un vendedor se desaparecía quedándonos a deber mucho dinero. Difícilmente volvíamos a saber de él y de los libros, pero lográbamos recuperar el valor de la mercancía, gracias a que teníamos afianzados a todos los vendedores y a las personas que manejaban dinero y otros valores de la empresa.

Para una empresa pequeña que ponga una buena parte de sus inventarios en manos de vendedores propios para la comercialización de sus productos, la pérdida de esa mercancía puede ser traumática.

En el caso de los que venden sus productos a plazos, sus cobradores recogen importantes sumas de dinero en efectivo o en documentos negociables de los clientes que, por lo general, son personas físicas. Si estos cobradores se escapan con la cobranza, también producirán pérdidas importantes de dinero. Y aunque uno pueda denunciarlos judicialmente, el costo legal es muy alto y puede ser que ya no se recuperen ni la mercancía ni el dinero. Es mejor dejarle el problema a una afianzadora.

Errores y Omisiones en el Area Comercial

No Conocer los "Momentos de la Verdad" de su Empresa

Los contactos con el cliente no se limitan a la entrevista con el vendedor ni a la entrega de la mercancía por quien la surte, ya sea en el mostrador o en la bodega del cliente.

Los "momentos de la verdad", como llama Jan Carlzon a todo contacto —no necesariamente personal— de la empresa con el cliente, son muchos pero deben ser conocidos para poder planear adecuadamente la estrategia y las actividades comerciales de la empresa. La cantidad de "momentos" depende, en buena parte, del giro comercial o industrial de la compañía.

Cuando una empresa no está consciente de esos "momentos", puede tener serios problemas de mercado, aun cuando sus productos sean buenos y los precios competitivos. Ejemplos de "momentos de la verdad" abundan. Algunos que pueden ser comunes para cualquier empresa son los siguientes: Cuando el cliente está expuesto a la publicidad de la empresa. Cuando el vendedor le solicita una entrevista. Cuando el vendedor entrevista al cliente. Cuando el vendedor muestra los materiales promocionales al cliente. Cuando el cliente ve el producto en algún punto de venta. Cuando el cliente llama o visita la empresa para solicitar información o para fincar un pedido. Cuando el cliente ve un vehículo de reparto de la empresa en la calle. Cuando el cliente recibe la mercancía. Cuando el cliente ve el empaque del producto. Cuando utiliza el producto. Cuando alguien le hace un comentario sobre el producto. Cuando presenta una queja a la empresa. Cuando solicita servicio de reparación del producto. Cuando le dan el servicio de reparación o mantenimiento.

Como puede observarse, son muchos los momentos en que un cliente puede decidir si desea hacer negocio con la empresa o si desea volver a usarla como su proveedora.

No Contar con un Plan para Dirigir las Actividades Comerciales

La comercialización de los productos de una empresa es tan importante y vital para la supervivencia y bienestar de la misma que no se puede dejar al azar.

No importa que tan pequeña sea una compañía, es mandatorio contar con un plan comercial o de márketing que guíe las actividades de promoción. No hacerlo significa permitir que las fuerzas del mercado controlen las labores comerciales de la empresa y, por tanto, su destino.

Cuando se tiene un plan comercial es posible anticipar situaciones problemáticas, porque, de hecho, se tiene un plan de contingencia construido dentro del plan general

El contenido mínimo de un plan comercial es el siguiente*:

- Evaluación de la situación actual de la empresa.
- Análisis del cliente. ¿Quiénes son los clientes? ¿Por qué compran? ¿Qué cambios están ocurriendo que puedan modificar sus gustos y necesidades?
- Análisis de la competencia: fuerzas, debilidades, estrategias, recursos.
- Análisis de los recursos de la empresa: habilidad para desarrollar productos, habilidad para producir, habilidad para comercializar, habilidad para financiar y habilidad para administrar y dirigir.
- Premisas de planeación: escenarios futuros, proyecciones y pronósticos.
- Objetivos comerciales.
- Estrategia comercial.

* Adaptado de Lehmann: Analysis for marketing planning. Plano, TX Business Publications, Inc.1988.

- Programas: Mezcla de mercadeo.
- Proyección financiera.
- Sistemas de control y monitoreo.
- Planes de contingencia.

Creer que las Ventajas Competitivas son Eternas

La competencia y los gustos y necesidades del consumidor siempre se encuentran en estado de evolución. Lo que hoy representa una ventaja competitiva, mañana puede ya no serlo, quizá porque un competidor lance al mercado un producto que aventaje al nuestro o porque el consumidor ya no considere adecuado nuestro producto.

Un ejemplo de lo anterior ocurrió en Estados Unidos cuando las empresas automotrices de ese país perdieron gran parte del mercado de automóviles a manos de los japoneses. Los americanos se habían acostumbrado a poseer autos grandes, de hecho, mientras más grandes mejor. El tamaño parecía ser la ventaja competitiva de las compañías americanas. Pero cuando ocurrió la crisis del petróleo y el precio de la gasolina aumentó de manera considerable, el tamaño grande de los autos se convirtió en una enorme desventaja. Sin embargo, no fueron las compañías americanas las que ofrecieron a sus clientes una alternativa más económica. Fueron las compañías automotrices japonesas las que se presentaron ante el público americano con una enorme colección de autos más pequeños, de alta calidad y, principalmente, con motores que consumían poca gasolina. Los consumidores americanos se volcaron en las agencias de automóviles japoneses. El resto es historia.

Malinterpretar los Resultados de la Investigación de Mercados

Creo que el ejemplo más famoso de este tipo de error es el relacionado con el lanzamiento de la New Coke y la desaparición (temporal) de la Coca Cola normal. En este caso, los principales ejecutivos de la Coca Cola Company, en su intento por evitar el encumbramiento de Pepsi Cola, ordenaron el desarrollo de un producto más dulce que la Coca normal para atraer a los consumidores de Pepsi.

Una vez disponible, se hicieron numerosas pruebas de mercado con el nuevo producto. A la gente le gustó tanto que la compañía decidió eliminar su producto básico y remplazarlo con el nuevo.

El resultado es ya un caso clásico en todas las escuelas de negocios del mundo, pues fue muy grande y violento el rechazo de los consumidores, no hacia el nuevo producto, sino hacia la desaparición de la Coca normal.

La decisión de la compañía estuvo basada en cerca de 200,000 pruebas de sabor, las cuales indicaron una marcada preferencia por el nuevo producto; sin embargo, la compañía no reconoció que la Coca Cola normal es más que un simple producto para los americanos. Para ellos es toda una institución, un símbolo que asociaban con momentos especiales de su vida. En nacimientos, en bodas, en graduaciones y en otros eventos especiales, los americanos solían celebrarlos con Coca Cola.

Afortunadamente para la empresa, se dio marcha atrás rápidamente y se pidió disculpas al público, algo que ninguna empresa había hecho. La Coca normal regresó al mercado, ahora con el nombre de Coke Classic. La New Coke sufrió una muerte lenta y todo volvió, más o menos, a la normalidad; pero una nueva lección de negocios se había escrito: La investigación de mercados, por sí sola, no es infalible.

No Escuchar al Cliente

Los clientes, con su actitud ante nuestra empresa, suelen decirnos qué es lo que esperan de ella. Por desgracia, muchas empresas no saben interpretar esa actitud. Nos dicen cuando un producto no les satisface y cuando la atención no les agrada, pero no los escuchamos porque no nos lo dicen con palabras. Ojalá lo hicieran. Así, si somos conscientes de la importancia que tiene el cliente para el bienestar de la compañía, podríamos enmendar el camino.

No, el cliente no usa palabras para decirnos que el producto que le vendimos es una soberana porquería o para hacernos saber que lo tratamos como si le hiciéramos un favor al venderle nuestra mercancía.

El cliente tiene una manera muy directa pero sorda de decirnos lo anterior: no volviendo a comprar nuestros productos y, peor aún, haciéndonos mala publicidad con sus amigos, familiares y conocidos.

Yo admiro al director que baja de su torre de marfil para hablar con sus clientes en cuanta oportunidad tiene, sólo así puede conocer, de primera mano, sin interferencias de segunda clase, lo que sus clientes piensan de su producto y de su empresa.

No Tomar Realmente en Cuenta las Necesidades y Gustos Cambiantes del Consumidor

Sí existe la miopía mercadológica, como lo propuso Theodore Levit en su clásico artículo: Marketing Myopia, publicado en la revista Harvard Business Review en 1960, y que desató una revolución en la manera de manejar los negocios.

Ahora se sigue practicando la miopía igual que hace treinta o más años. Muchas empresas aún no comprenden que el consumidor es un ente dinámico, cuyos gustos y necesidades cambian con suma rapidez. Y existen buenas razones para esos cambios: la gente recibe más educación que en el pasado; la situación económica y los desarrollos tecnológicos hacen al consumidor modificar sus hábitos; y los cambios demográficos y sociales modifican radicalmente las estructuras de los mercados.

Las empresas que padecen miopía mercadológica insisten en mantener sus productos, sus políticas comerciales y sus sistemas de comercialización a pesar de que los mercados les envían señales permanentes de cambio. Cuando se dan cuenta, han perdido posición y los resultados financieros empiezan a deteriorarse irremisiblemente, porque otros competidores, más sensibles a las necesidades del consumidor, han reaccionado rápidamente para satisfacerlas con productos y servicios más acordes con los tiempos actuales.

La empresa eficaz debe estar "leyendo" permanentemente el mercado en el que participa, así como otros mercados correlativos. Este es el único método que le permitirá sobrevivir y progresar en un mundo cambiante.

Tener un Solo Cliente

Para muchos empresarios tener un solo cliente podría parecer muy atractivo porque sus gastos de operación pueden reducirse notablemente, en particular los gastos de venta.

Pero, en medio de todo ese encanto, ¿qué seguridad existe de que ese cliente no va a cambiar de proveedor cuando encuentre otro que le dé mejor precio, mejor servicio o mejor calidad? o, ¿qué seguridad hay de que ese cliente no va a quebrar o a tener problemas que lo hagan reducir su nivel de operación?

Depender de un solo cliente es tan peligroso como depender de un solo proveedor. Es mejor, en ese caso, venderle parte de la empresa al cliente, así el destino de ambas empresas queda mancomunado, pero, ¿está dispuesto el empresario a ceder parte de la propiedad de su compañía a un tercero? A menos de que no tenga otra alternativa, quizá porque un cliente sea un monopolio, lo más probable es que prefiera mantener su independencia.

Orientarse más a la Tecnología que a los Clientes

Cuando el director general de una importante cadena de supermercados de México habló durante un discurso acerca de los planes de su empresa para tecnificar sus tiendas, mencionó que van a utilizar computadoras para que el cliente pueda resolver cualquier duda y así recibir el servicio deseado. Un joven que asistía al discurso le hizo notar al empresario su preocupación por la falta de contacto humano que habría en las tiendas de la cadena si se llegaba a ese alto grado de sofisticación tecnológica.

El gran desarrollo tecnológico que se vive en la actualidad puede deslumbrarnos y hacernos olvidar que las nuevas tecnologías deben ser puestas al servicio del hombre para facilitarle muchas tareas, no para aislarlo, porque, ¿cuántas personas preferirán hablarle a una imagen de televisión en vez de a un empleado de carne y hueso, aunque a veces ocurran fallas de servicio? ¿No será que prefieren estrechar una mano en vez de oprimir botones?

En un principio, los clientes acudirían a las tiendas motivados por la curiosidad, pero pienso que después terminarían por añorar la sonrisa o el seño fruncido, de ser el caso, del empleado que les pesa las verduras.

Creer que la Venta Termina Cuando el Cliente Firma el Pedido

Para muchos clientes, el firmar el pedido representa el inicio de un viacrucis porque habrá de pasar penas y enojos antes de recibir su mercancía, la cual posiblemente no corresponda con lo que supuestamente compró, además de recibirla tardíamente.

En una prestigiada tienda de departamentos de la ciudad de México, compré un reproductor de discos compactos en el mes de diciembre de 1989. El valor de la mercancía fue cargado a mi tarjeta de crédito de la tienda y se me dijo que antes de la Navidad recibiría el equipo en casa.

Pasó la Navidad y el aparato no llegó, y cada semana me decían que la semana siguiente me lo entregarían, pero lo único que recibí fue el estado de cuenta en el que ya estaba hecho el cargo, y además, otro cargo por intereses por falta de pago.

Tuve que escribir al director general de la cadena de tiendas para quejarme de la absurda situación. Como por arte de magia, en una semana recibí el equipo, y, mientras éste llegaba, me prestaron un equipo similar completamente nuevo, lo cual me impresionó lo suficiente para continuar comprando en esas tiendas. Sin embargo, no dejo de reflexionar que muchos clientes no volverán a comprar en esa cadena, porque, según el vendedor, había 50 pedidos pero sólo recibieron 5 unidades. Quizá 45 clientes han roto su tarjeta de crédito de esa tienda.

Qué diferente hubiera sido si el vendedor hubiera llamado para decirnos que tenía un problema de suministro y para ofrecernos en venta un equipo similar, como el que me prestaron.

Es vital que el director sepa qué ocurre con los pedidos de los clientes, aunque sea de manera selectiva. De hecho, debe establecer un sistema que contenga un plazo máximo de entrega y que haga notar aquellos pedidos no atendidos en ese plazo.

También debe hablar frecuentemente con los clientes, sean estos consumidores finales o institucionales, para preguntarles si están satisfechos con los productos y con el servicio. Hoy por hoy, ésta puede ser la actividad más importante de todo director.

Otorgar Créditos Inconsistentes con la Capacidad de Pago de los Clientes

El objetivo principal de una empresa no es vender sino crear riqueza. La venta sólo es un medio para lograr el propósito fundamental; sin embargo, parece que muchos directores consideran al volumen de ventas como si fuese el fin trascendental de su compañía.

Esta manera de pensar ha causado graves problemas a empresas que aparentemente son exitosas por el alto volumen de ventas del que hacen alarde.

Cuando vender por vender es el lema de la empresa, las políticas y el control interno se relajan para dar paso al libertinaje comercial. Entre una de las acciones de dicho libertinaje destaca el otorgamiento de créditos con valor a veces muy superior a la capacidad de pago de los clientes, lo cual puede resultar en un notable incremento de la antigüedad de saldos de la cartera, en la reducción de la liquidez, en un mayor riesgo de cancelación de cuentas por incobrabilidad, en el aumento del costo del capital y, finalmente, en la reducción de las utilidades.

Además, cuando se otorga a un cliente un crédito que excede su capacidad de pago, éste termina por convertirse en un no-cliente, pues tarde o temprano surgirá un conflicto con él al no poder cobrarle en un tiempo razonable. Esto dará por resultado que no se le vuelva a vender, y si esto ocurre con un número importante de clientes, pronto se habrá perdido la clientela.

Por desgracia, esta es una práctica muy común, especialmente en empresas que pertenecen a grupos que les exigen altos incrementos de ventas cada año sobre las ya infladas ventas del año inmediato anterior. Al correr de los años, la situación se convierte en una bola de nieve que al rodar aumenta de tamaño hasta volverse una avalancha. Así, vemos empresas que a fines de cada año ofrecen a sus clientes condiciones especiales para que compren, o bien, les facturan grandes cantidades de mercancía con la promesa de aceptarla en devolución al iniciar el año siguiente. Esto tiene un altísimo costo por concepto de fletes, de daños a la mercancía, de papeleo administrativo, de seguros, de impuestos pagados sobre ventas ficticias, etc.

Creer que el Departamento de Ventas es el Unico Responsable de Vender

Cuando una empresa toda no está diseñada para vender, el departamento de ventas se convierte en una isla dentro de la organización y su labor se ve obstaculizada por todos los departamentos. Crédito, Producción, Facturación, Almacén, todos harán imposible un trabajo efectivo de ventas, con la consecuente rotación de vendedores y pérdida de clientes.

Toda empresa con fines de lucro debe ser una máquina de vender. Desde la afanadora hasta el director general, debe notarse el deseo de vender. Oficinas limpias, recepcionista amable, transportes pulcros, repartidores atentos, estados de cuenta correctos, entregas oportunas y precisas, productos confiables, todo contribuye a que el cliente desee continuar haciendo negocios con nosotros.

En los sistemas de Control de Calidad Total se incluye el concepto de que todo el que recibe un servicio de nosotros es nuestro cliente. El jefe es el cliente de la secretaria, ya que ésta le hace varios servicios: llamadas telefónicas, mecanografiado de cartas y archivo de correspondencia, por ejemplo. El departamento de informática tiene como clientes a casi todos los departamentos, pero también es cliente de ellos al recibirles la documentación que va a ser procesada. El objeto de esta analogía es hacer que, al considerar como cliente a otro empleado, se trate de darle el servicio con la mejor calidad y oportunidad posibles. Así se crea una cultura de atención al cliente que al final se reflejará en el servicio al cliente externo, el que nos da para comer.

No Prestar Atención al Entrenamiento de Vendedores y Personal Asociado con el Servicio al Cliente

El servicio al cliente es tan importante para el sano desarrollo de la empresa que no se puede improvisar. Debe ser una actividad planeada en la que participen personas comprometidas con la empresa y debidamente entrenadas para atender profesionalmente a los clientes.

La recepcionista, las telefonistas y secretarias que atienden las llamadas de los clientes, el personal de vigilancia, los vendedores, los empleados que efectúan las entregas de la mercancía, los almacenistas, la cajera, los técnicos de mantenimiento y todos los demás empleados que de alguna manera tienen que ver con la satisfacción de las necesidades y deseos del cliente, deben recibir la capacitación necesaria para lograr ese objetivo que toda empresa debe tener como prioritario: Brindar el mejor servicio al cliente para que éste desee continuar haciendo negocios con la empresa y adquiriendo sus productos.

Por desgracia, es frecuente encontrar empresas donde tanto los empleados como las instalaciones proyectan una imagen de antiservicio. Recientemente compré unos diskettes para computadora en una prestigiada tienda del ramo. La señorita que me atendió estaba "vuelta loca" porque el sistema de cómputo para la facturación no estaba funcionando. Así que tenía varios clientes clamando por su atención mientras ella preparaba las facturas manualmente. Al llegar a casa y abrir el paquete, me di cuenta que faltaban 2 diskettes. De inmediato llamé a la tienda para informar el problema. Me dijeron que me darían los diskettes faltantes. Cuando fui a la tienda a reclamarlos, la señorita que me atendió me dijo que ella nunca se equivocaba porque verificaba la mercancía 2 veces. Seguramente se olvidó que aquel día no sabía ni donde tenía puesta la cabeza. Tuve que amenazarla con quejarme directamente con el director de la cadena para que accediera a entregarme los 2 diskettes cuyo valor en conjunto no excedía de 1 dólar, pero que yo quise reclamar por cuestiones de principio. Ella creyó que le quería robar el dólar y no pudo aceptar que se equivocó. Finalmente, su jefe le ordenó entregármelos, pero el daño ya estaba hecho: No volveré a comprar allí, a menos de que no tenga alternativa

Creer que el Precio es el Factor más Importante de un Producto

Reducir los precios o no aumentarlos cuando es necesario por motivos de inflación, puede descapitalizar rápidamente a una empresa al punto de hacerla quebrar, puesto que si no se recupera suficiente dinero para reponer los inventarios, pronto no habrá mercancía para vender, y si se recurre al financiamiento externo, tarde o temprano no se podrá pagar la deuda, máxime que el costo del dinero incidirá en el costo del producto, aunque contablemente los gastos financieros se coloquen después de la utilidad de operación.

Los directores que basan su estrategia comercial sólo en el precio del producto, corren un grave riesgo, pues una ventaja de costos puede desaparecer rápidamente, ya que un competidor que utilice nuevas tecnologías podría obtener costos más bajos en un lapso de tiempo relativamente corto.

También puede ocurrir que, en industrias donde participen empresas muy grandes, éstas decidan que la empresa más pequeña que está haciendo ruido con sus precios bajos debe ser puesta en su lugar y reduzcan los precios a niveles menores a los del competidor, aun a costa de las utilidades, a sabiendas de que éste no podrá soportar el ataque durante mucho tiempo. Una vez que el competidor esté fuera de combate -y hasta del mapa- las grandes empresas volverán a aumentar los precios al nivel que les convenga. IBM ha practicado esta estrategia en el pasado con mucho éxito.

Temer Aumentar los Precios

Existen aún muchos empresarios que creen que el precio es el principal factor por el cual se venden sus productos. A menos de que su producto no sea diferenciable, pensar de esa manera puede ser un grave error, ya que el consumidor se está volviendo más discriminativo.

Ante esto, depender sólo de precios bajos para mantener la lealtad del consumidor, es un riesgo que puede ocasionar graves problemas a la empresa por lo siguiente:

— Precios bajos no son compatibles con alta calidad, a menos de que sea una empresa muy eficiente y con bajos costos; entonces, lo más probable es que la calidad de un producto con precio bajo deje mucho que desear, lo que, tarde o temprano, ahuyentará a los clientes.

- Precios bajos pueden significar márgenes bajos de utilidad, lo que a su vez, si el volumen no resulta ser lo que se planeó, puede provocar una grave crisis de liquidez que puede terminar con la vida de la empresa.
- Cuando una empresa de tamaño menor "hace ruido" en el mercado con sus bajos precios, la competencia más fuerte puede reaccionar agresivamente reduciendo los precios a niveles aún más bajos que la pequeña, obligando a ésta a retirarse del mercado por su incapacidad para competir favorablemente ante los grandes, los que pueden darse el lujo de resistir un buen tiempo con márgenes de utilidad reducidos.

No Determinar el Costo Real de Cada Venta

El costo real de ventas está integrado por un mayor número de componentes de lo que la teoría contable indica, y desconocerlo puede provocar una fuerte descapitalización de la empresa.

En un caso descubrí que se estaba enviando libros a una filial foránea de una cadena de tiendas de departamentos, con el costo de fletes a nuestro cargo superior al valor de la factura; y no era la primera vez, de hecho siempre se había trabajado de esa manera sin que nadie llamara la atención del director.

Es muy importante que se determinen todos los costos asociados con una venta: costo de fletes, costo de facturación, costo del transporte propio, costo de obsolescencia por devoluciones de mercancías dañadas, costo del dinero durante el tiempo que tarda el cliente en pagarnos, etc. No es rentable entregar a domicilio pedidos de muy bajo valor a menos de que el cliente sea muy importante o esté en la ruta del vehículo o el costo del transporte esté integrado en el precio del producto.

Es posible que al hacer un estudio concienzudo de costos asociados se descubra que se está perdiendo dinero con varios clientes. De ser ese el caso, es necesario platicar con dichos clientes para encontrar un mecanismo que elimine o reduzca dichos costos. Por ejemplo, se puede pedir al cliente que no haga pedidos de bajo monto a menos de que él envíe a recogerlo a la bodega de la empresa. Otra opción es hacerle un cargo por la entrega.

No Conocer las Razones Principales por las que se Vende su Producto

Cuando no se conocen las verdaderas razones por las que los clientes adquieren un producto, se corre el riesgo de destacar las características irrelevantes en la publicidad y en la promoción directa produciendo confusión en el consumidor, quien tal vez diga: "¿por qué quieren que yo compre el producto basado en eso cuando a mí lo que me interesa es lo otro y ni siquiera lo mencionan?".

En esas circunstancias, si otra empresa con un producto similar lo promueve destacando las características que realmente son importantes para el consumidor, seguramente que robará mercado a la otra empresa.

¿Y cómo saber qué es lo que realmente atrae a los clientes a nuestro producto? ¿Es necesario contratar los servicios de una empresa investigadora de mercados? No necesariamente. Hablar con los clientes para preguntarles es el medio, y es un medio económico además. Desde el director hasta el vendedor, deben hacerse el propósito de preguntar con frecuencia a los clientes por qué compran su producto, qué les gusta, qué les disgusta, qué otras características les gustaría que tuviera.

Un fabricante de productos para bebé se dio cuenta de que hubo un aumento importante en las ventas de su champú. Pudo haber seguido promoviéndolo de la misma manera pensando que la publicidad había sido la causa del alto volumen de ventas; pero no, preguntó al cliente y, al hacerlo, descubrió que las mujeres estaban utilizando el champú en su propio cabello porque no se los dañaba, pues estaba diseñado para el cabello delicado de los bebés.

Creer que sus Productos se Venden Solos

Aún es posible encontrar empresas en las que se piensa que sus productos son tan buenos y necesarios que no se requiere hacer promoción para venderlos. Quizá podría pensarse que productos como la verdura y los vegetales no requieren de promoción, pero la verdad es que la promoción ayuda para venderlos. Una cadena de supermercados de México ha instituido los miércoles de plaza. En ese día reduce el precio de todos los vegetales, frutas y verduras, con lo que atrae miles de amas de casa a sus tiendas. Si bien es cierto que su interés no radica en que le compren más tomates o naranjas, sino que su intención es incrementar el tráfico de clientes, también es cierto que ha quitado muchas ventas al verdulero de la esquina.

Puede darse el caso de que una compañía desarrolle un producto único, y de que sea tan necesario que mediante la publicidad de boca en boca se venda por puñados. Pero ¿cuánto tiempo podrá mantenerse intocable antes de que surja otro producto mejor, o más barato, o más atractivo? Cuando Sony lanzó al mercado su famosa Betamax, el producto era único, pero no por ello dejó de promocionarlo. Más tarde, JVC desarrolló el sistema VHS que pronto se volvio el favorito y quitó la mayor parte de mercado a la Sony Pero para entonces, esta compañía ya había obtenido fantásticas ganancias. ¿Qué hubiera pasado si Sony no hubiera hecho tanta publicidad, si no hubiera posicionado su producto en la mente del consumidor? Muy probablemente la misma JVC u otra empresa hubiera lanzado antes un producto competidor.

La promoción tiene otra ventaja adicional: Mientras mayor y mejor es, más intimida a los posibles competidores.

No Tratar de Diferenciar el Producto

Un producto que en la mente del consumidor no luzca ventajoso respecto de otros productos similares, no tendrá éxito comercial. El posicionamiento de los productos en la mente del consumidor por sí sólo no garantiza que tenga éxito en el mercado, porque la percepción que del producto tenga el usuario en su mente debe coincidir con el funcionamiento real de aquel y con la satisfacción que, en efecto, le produzca.

Dicho en otras palabras, si al comprar un producto o contratar un servicio, el cliente lo hizo porque espera satisfacer una cierta necesidad o gusto, el producto o servicio debe brindar esa satisfacción, pues, de otra manera, el cliente lo reposicionará negativamente y se convertirá en un medio de publicidad contraria al producto o servicio, lo cual echará por tierra los esfuerzos de la empresa por crearle una cierta imagen.

Las empresas buscan diferenciar sus productos por medio del diseño, del empaque y de la publicidad, pero al final de cuentas, la diferencia que asegurará la lealtad del cliente es la producida por la calidad del producto.

No Querer Reconocer que un Producto o Línea de Productos ha Terminado su Ciclo de Vida

No existen los productos eternos (a excepción hecha de los productos vegetales y otros de consumo popular). Todos los productos deben evolucionar de alguna manera para adecuarse a las necesidades y gustos cambiantes del consumidor y los embates de la competencia. Incluso, productos perecederos como los plátanos han sido tomados por empresarios con visión y los han diferenciado mediante una selección meticulosa del producto y un empaque especial.

Pocos negarán que lo anterior es una realidad en el mundo de los negocios; sin embargo, muchos directores continúan apostando la vida de su empresa a productos que se encuentran en franco declive. Esto es tan grave que una compañía puede desaparecer de la noche a la mañana cuando los consumidores simplemente ya no desean comprar sus productos, sea porque ya no satisfacen adecuadamente sus necesidades o porque la competencia ofrece algo mejor y quizás a menor precio. La historia de los negocios está repleta de casos de este tipo.

Cuando un producto está agonizando en el mercado, no importa cuanto se invierta en promoción y publicidad, su destino está predeterminado. Cuando mucho se logrará un pequeño repunte que durará muy poco. Será como tirar el dinero a la basura. Mejor sería invertir ese dinero en innovar el producto.

Para un empresario que alcanzó el éxito gracias a un producto, es muy difícil reconocer que éste ha llegado a su fin cuando el mercado así lo ha decidido. Pero no reconocerlo es miopía comercial, pura y simple, en grado sumo. La historia industrial nos ofrece un ejemplo clásico de este tipo de miopía: Henry Ford no aceptó cambiar su famoso Ford T, el cual ofrecía en cualquier color siempre que éste fuera el color negro.

Llegó entonces la General Motors con una oferta de automóviles para todos los gustos y desbancó a la Ford del trono del reino automotriz. Después, la General Motors y las demás firmas automotrices de Estados Unidos cometerían el mismo error y sufrirían un serio descalabro a manos de los japoneses.

Depender de un Solo Producto

A menos de que se esté innovando continuamente el producto de la empresa, depender sólo de uno es muy arriesgado por la volatilidad de los mercados, por los continuos avances tecnológicos y porque la competencia siempre está a la caza de oportunidades.

IBM creyó que al lanzar su computadora personal con tecnología desarrollada internamente iba a obtener el monopolio del mercado; sin embargo, no pasó mucho tiempo antes de que otras empresas desarrollaran productos similares utilizando componentes iguales o compatibles con los que IBM usó en su famosa PC. A la fecha, docenas de compañías, muchas de ellas establecidas en el lejano oriente, fabrican computadoras que son totalmente compatibles con la máquina de IBM.

Este caso es sólo un ejemplo de la facilidad con que una tecnología puede ser imitada e incluso mejorada por la competencia. Por tanto, se ha vuelto necesario innovar continuamente el producto y, preferentemente, contar con productos adicionales que soporten la estructura de la empresa en caso que algún producto fracase en el mercado.

Compañías de la talla de Rolex han entendido este concepto, y alejándose de su idea original, ha creado productos diferentes a los ya clásicos. Así, por ejemplo, ahora ofrece la línea Cellini que no se parece a los relojes que hicieron tan famosa a la marca y que, sin embargo, siguen siendo el distintivo de la compañía.

Antes, una patente parecía ser la mejor protección que un producto, podía tener. Ahora, una empresa puede desarrollar otro producto utilizando diferente tecnología, pero que hace las mismas funciones que aquel y, quizá, con mayores ventajas para el cliente.

Otorgar Garantías Superiores a la Confiabilidad del Producto

Es muy fácil pillarse los dedos al ofrecer una garantía que exceda las posibilidades funcionales de un producto.

Si tenemos un producto (o un servicio) que puede llegar hasta X y lo ofrecemos con una garantía que llega a Y, la diferencia entre Y y X representa un grave riesgo que ninguna empresa debe tomar, y mucho menos las medianas y pequeñas.

Muchas veces, el departamento comercial de una empresa puede sentirse tentado a ofrecer más de lo que puede dar en su afán por vender; por ello es importante que exista una perfecta coordinación entre el departamento de ingeniería, el departamento de producción y el comercial para que éste conozca los alcances del producto o servicio de la empresa y no ofrezca más de lo que puede cumplir.

En un viaje que hice a Europa, el operador del tour en México me aseguró que me irían a recoger al aeropuerto de Frankfurt, ciudad donde comenzaría el tour, y al finalizar el viaje, me llevarían al aeropuerto para tomar el avión de regreso a México. Para mi sorpresa, nadie fue a recogerme al aeropuerto, y me las tuve que arreglar para llegar al hotel, el cual está localizado en un pueblo cercano a Frankfurt. El lío que les armé los forzó a proveerme de transportación al aeropuerto a mi regreso y a pagarme el costo del taxi que tuve que tomar para llegar al susodicho hotel.

Dudo que vuelva a utilizar los servicios de ese operador de tours. El costo para ellos fue bajo -alrededor de 30 dólares- en términos del dinero desembolsado; pero el costo de oportunidad puede ser mucho mayor, primero, porque ya no volveré a utilizar sus servicios, y segundo, porque no los recomendaré a mis amistades. Ahora, si hacen lo mismo a más clientes, con el tiempo sus ventas de tours disminuirán notablemente.

En este caso estuvo implicado el incumplimiento de una promesa hecha en el momento de la venta. En otros, puede tratarse del ofrecimiento de una garantía de funcionamiento que sobrepase por mucho lo que el producto o servicio realmente puede ofrecer. En este tipo de situaciones, no sólo se perderán clientes, sino que también existe el peligro de verse inundado de demandas por parte de sus ex clientes. Para una empresa sin suficientes recursos, ello podría significar la quiebra.

Creer que Sólo se Compite Contra Fabricantes del Mismo Tipo de Producto

Esta clase de error gerencial trae a nuestra mente el recuerdo de las grandes compañías ferrocarrileras americanas que no se dieron cuenta de que su competencia no eran solamente las otras empresas del mismo ramo sino también las líneas de aviación, las líneas de camiones y autobuses y las empresas marítimas, las cuales también efectuaban transporte de mercancías, de equipo y de personas.

Las empresas ferrocarrileras pudieron haber creado líneas de aviación, de autobuses y marítimas y haber dominado el negocio del transporte de una manera absoluta; mas su miopía no les permitió ver más allá del horizonte, y no les quedó más remedio que ceder una enorme porción de su mercado a las nuevas empresas.

Un ejemplo más contemporáneo lo encontramos en la industria editorial y en la del videocasete. Se ha comprobado que el tiempo que muchas personas dedicaban a la lectura, ahora lo dedican a ver películas reproducidas por su videocasetera en el aparato de televisión, cómodamente sentadas en el mismo sillón que antes utilizaban para leer un libro.

Los adelantos tecnológicos han permitido una mayor oferta de productos y servicios a los consumidores, de tal manera que éstos pueden escoger entre varias opciones para satisfacer una necesidad o un deseo. Ahora, una empresa que desea enviar una mercancía a otra ciudad puede seleccionar entre hacerlo por tren, por autobús, por avión e incluso por barco, de darse la posibilidad. De igual manera, una persona que desea utilizar su tiempo libre puede leer un libro, ir al cine, ver una película en televisión con su videocasetera, escuchar música en su equipo estereofónico o jugar juegos electrónicos en su computadora personal, por mencionar algunas de las muchas opciones con que hoy se cuenta. La decisión que finalmente tome beneficiará a una librería, a una sala cinematográfica, a un alquilador de películas en videocasete, a una tienda de discos fonográficos o a un vendedor de programas de computación.

Subestimar a la Competencia, Especialmente a la Pequeña

La historia de los negocios está repleta de casos en que el pez chico se comió al grande por subestimar la fuerza de aquel.

Se dice que no hay enemigo pequeño, y esta frase parece estar hecha a la medida del mundo empresarial. Simplemente sustituya la palabra enemigo con la palabra competidor y tendrá un aforismo que puede salvar a su empresa de una crisis.

El tamaño no es necesariamente sinónimo de fuerza; por lo tanto, una empresa grande no siempre es más fuerte que una de menor tamaño. Así pues, no podemos dar por descontadas la fortaleza y la capacidad competitiva de un competidor sólo porque sea de tamaño menor que el de nuestra compañía. Un competidor más pequeño puede tener más de un as escondido bajo la manga. Mejor calidad, mejor atención al cliente, ventajas de costo, innovación tecnológica, mejor sistema de distribución y más talento comercial son algunos de esos aces.

Algunos competidores pequeños comienzan su ofensiva agazapados en un nicho de mercado de poco interés para las empresas grandes, y no se les presta atención hasta que, de pronto, atacan por el flanco más débil de los gigantes obteniendo como botín parte del mercado de éstos.

Grandeza debe ser antónimo de complacencia. Juntas pueden ir de la mano al funeral de la empresa.

Reaccionar Tardíamente a las Acciones de la Competencia

"Camarón que se duerme se lo lleva la corriente", reza el refrán, y éste no se aplica mejor en otras situaciones que en la vida empresarial. Si el director de una empresa no se mantiene al día de lo que ocurre en su industria, corre el riesgo de ser arrastrado por la corriente, junto con su empresa.

En la actualidad, por el desarrollo tecnológico tan acelerado y por la capacitación gerencial tan avanzada, los cambios se suceden con mucha rapidez en todas las industrias. Esto da pie a que las empresas que se adapten con más rapidez al cambio y hagan los ajustes necesarios para aprovechar la evolución de su entorno, tenderán a despegarse de sus competidores en la carrera por la conquista de los mercados. Y aquellas compañías que tarden en reaccionar, verán como sus tajadas de mercado se achican rápidamente.

La línea aérea americana Delta se tardó en reducir los precios cuando las demás lo estaban haciendo, por no contar con un sistema de información computarizado acerca de los precios de los boletos en los diferentes mercados. Cuando trató de imitar a las demás líneas, sobrerreaccionó, lo que le produjo una pérdida de 86.7 millones de dólares en 1983.

No Reconocer el Valor de la Promoción de "Boca a Oído"

Muchos empresarios se quejan porque la publicidad no les está rindiendo frutos, por más que gastan dinero en ella. De hecho, un buen número de empresas lanzan importantes campañas publicitarias como último recurso cuando están agonizando.

¿Por qué no siempre funciona la publicidad, o por qué su efecto a veces dura tan poco? El problema no es la publicidad en sí —considerando que sea buena y bien ejecutada— sino la empresa y sus productos. Existe una máxima que dice que uno puede engañar a la mayoría algunas veces, pero no puede engañarla siempre. Uno puede hacerle buena publicidad a un producto basura y venderlo bien durante algún tiempo; pero, más temprano que tarde, el público se dará cuenta del engaño, por los comentarios de quienes cayeron en la trampa; y no sólo se parará la venta del producto sino que también la empresa quedará expuesta a demandas judiciales y, lo peor, a ser considerada como una compañía que engaña a sus clientes. En cambio, la empresa que, sin hacer grandes alardes publicitarios, se concentra en lograr que sus clientes se conviertan en promotores del producto, puede lograr y mantener la lealtad de su mercado. Un libro sobre este tema es EL CLIENTE ES EL MENSAJE, de Harris (Panorama Editorial).

No Tener un Sistema de Servicio de Calidad al Cliente

Muchas empresas fracasan a pesar de tener buenos productos y precios competitivos. ¿La razón? Tratan a los clientes como si éstos fueran limosneros, olvidándose de que estos "limosneros" ahora pueden darse el lujo de escoger a sus proveedores.

La atención a los clientes no debe dejarse al azar, porque ahora, ante la competencia tan agresiva, quien dé mejor servicio a los clientes —además de darles un buen producto y precio razonable— tiene las mayores posibilidades de ganárselos.

La atención al cliente ya no se puede dejar solamente en manos de un departamento. La empresa toda debe convertirse en un aparato de servicio. Todos los empleados deben tener conciencia de que gracias a los clientes tienen empleo y, por tanto, deben tratarlos como si fuesen sus patrones, aunque conservando la dignidad.

El servicio de alta calidad sólo se puede conseguir con la participación plena de todo el personal, y para ello es necesario que se genere en la empresa una cultura de servicio. Esta cultura se logra tratando al personal como queramos que trate a los clientes, y poniendo el ejemplo. Estos dos factores son fundamentales para lograr calidad en el servicio, pero es necesario apoyarlos con un programa que esté orientado a entender al cliente, para poder definir una estrategia de servicio y los planes de acción que permitan ejecutar la estrategia.

Otro aspecto vital de todo sistema de servicio de alta calidad es el de la capacitación del personal. Los empleados pueden tener toda la vocación de servicio, pero si no saben como realizarlo, de nada servirá su buena predisposición.

Errores y Omisiones en el Area de Personal

No Facultar al Personal

Las empresas que no utilicen al máximo el potencial de sus empleados estarán en clara desventaja con las que sí den a su personal la facultad de tomar decisiones a su nivel jerárquico. ¿Por qué? Por muchas razones. Primero, porque el personal que se siente tomado en cuenta es más productivo y leal. Segundo, porque nadie conoce mejor su trabajo que quien lo desempeña, así que puede decidir con más conocimiento de causa en todo lo relacionado con sus funciones. Tercero, porque la velocidad es un factor de competitividad empresarial, así que mientras más decisiones se tomen directamente en el nivel afectado, sin tener que remitirlas a los niveles superiores, las acciones corrrespondientes serán más rápidas.

Pero lo anterior no se da automáticamente. Es necesario facultar al personal siguiendo un plan que incluye, entre otras cosas, las siguientes: capacitación y educación. Diferencio aquí la capacitación de la educación, porque ésta tiene que ver más con las actitudes mentales que con las destrezas para el trabajo/ Otorgamiento de confianza y responsabilidad; es decir, hacer que el personal se sienta totalmente responsable de su puesto y resultados/ Otorgamiento de la autoridad necesaria para que cumpla sus responsabilidades con eficacia/Acceso del personal a la información de la empresa. Teóricamente no debiera haber información confidencial, aunque sabemos que hay cosas que no se pueden decir públicamente durante algún tiempo/ Retroalimentación, para que el personal sepa cómo se está desempeñando/ Reconocimiento de los logros, mediante estímulos económicos y motivacionales/Tolerancia del error calculado.

Todos esos elementos propiciarán la participación plena de los empleados en la administración de la empresa como seres pensantes, no sólo como cuerpos mecánicos.

No Reconocer que los Empleados Representan el Recurso más Importante de la Empresa

Con el acceso que todas las empresas tienen a las nuevas tecnologías, ya no se puede tener una ventaja competitiva de larga duración por el hecho de tener un equipo avanzado de producción, pues lo más seguro es que los competidores pronto lo adquirirán también.

¿Qué es entonces lo que puede dar una ventaja competitiva de mayor permanencia a una compañía?: Su personal.

Un equipo de personas altamente motivadas y comprometidas con el éxito de su compañía es una fuerza poderosa que puede llevarla a lograr importantes posiciones en el mercado, en un tiempo relativamente corto.

Reconozcámoslo, ni el dinero, ni los productos, ni la planta ni el equipo es lo más valioso en una empresa, porque sin empleados dispuestos a utilizar esos recursos con la máxima efectividad, los beneficios y la rentabilidad que pueden generar esas inversiones será menos que aceptable. Cuando esto es reconocido, aceptado e implementado, los recursos parecen aumentar su valía.

Muchos directores se rascarán la cabeza al ver que a pesar de contar con lo último en tecnología de producción e información, y de tener las instalaciones más modernas y un producto altamente competitivo, la empresa parece no avanzar al ritmo que el nivel de inversión exige. Si tan sólo se quitaran la venda de los ojos, verían que la solución es simple: Dar al personal el verdadero valor que tiene para el logro del éxito empresarial.

Contratar Personal sin Hacer una Selección Cuidadosa

Como he dicho en otra parte de este libro, el personal es el recurso más importante de una empresa. Si realmente creemos en esta afirmación, ¿no es obvio que debamos seleccionar ese recurso con el mayor de los cuidados?

Si no seleccionamos concienzudamente a los empleados que habrán de formar parte de nuestra familia de empresa, corremos el riesgo de que aquellos que contratemos tengan hábitos perniciosos para la empresa, como puede ser el hábito del hurto o la incapacidad para llevarse bien con otras personas. Otros empleados pueden tener serios problemas familiares, de salud, de adicciones o de otra índole que les afecte en el desempeño de su trabajo.

Cuando la empresa está urgida por cubrir un puesto vacante, se hace fácil contratar al candidato que mejor satisface los requisitos del puesto, quizá sin hacerle los exámenes que se le harían si no urgiese tanto, para detectar los puntos de incompatibilidad que tarde o temprano producirán conflictos y que, seguramente, harán que el empleado salga de la empresa.

Si el empleado no causa un daño considerable a la empresa, ésta sí se lo causará al empleado cuando lo despida. Esta es una razón adicional para utilizar medios de selección adecuados que nos den cierta seguridad de que el empleado será efectivo y permanecerá suficiente tiempo en la compañía y, además, que se sienta realizado en su trabajo.

Creer que los Empleados sólo Trabajan por Dinero

A medida que gana terreno la humanización de la empresa, más empleados exigen que se les trate más dignamente. Con todo, podemos encontrar muchas empresas en las que se cree que pueden comprar con dinero la lealtad y eficacia de su personal.

Esta forma de pensar es autodestructiva porque, tarde o temprano, empleados valiosos abandonarán la compañía para buscar otro trabajo donde, además de recibir una remuneración atractiva, reciban el trato humano que todos anhelamos

Viene a mi mente el recuerdo de Harold Geneen, ex presidente de la ITT, quien solía humillar a sus ejecutivos en frente de sus compañeros. Les exigía también estar disponibles para la empresa durante las 24 horas del día los 365 días del año, y no era raro que los llamara a las 3 am.

Se creía con derecho a tratarlos así porque les pagaba sueldos y prestaciones superiores al nivel de la industria. Con el tiempo, muchos de esos ejecutivos emigraron a otras empresas.

El empleado de los 90's y, seguramente, del siglo XXI, desea, ante todo, ser tratado como ser humano y lograr en su trabajo la posibilidad de desarrollarse de manera integral.

Tener Favoritismo entre el Personal

Así como el cáncer en una persona empieza con el desarrollo anormal de una célula, así comienzan problemas graves en la empresa por un acto de favoritismo injustificado de la dirección hacia una persona o grupo de personas.

El favoritismo se manifiesta de muchas formas:

— Un aumento de sueldo injustificado a una persona.

— El otorgamiento de una prestación adicional a un empleado que no lo merece.

— La promoción de un empleado a un puesto más alto en la jerarquía cuando había otra u otras personas que definitivamente lo merecían más.

- El trato preferencial a un empleado sin existir justificación aparente.

Estas son sólo algunas de las formas posibles, pero suficientes para indicar la facilidad con que se puede caer en este grave error.

Cuando un director realiza un acto de favoritismo injustificado puede estar seguro que los ojos de todos los empleados estarán fijos sobre él, y lo peor de todo es que el personal no perdona fácilmente. Aun cuando el director dé marcha atrás, su imagen habrá quedado manchada para siempre en esa empresa.

Dar Preferencia a unos Departamentos sobre Otros

Así como existe el favoritismo hacia individuos, también existe para ciertos departamentos. Esto, a veces motivado porque el director hizo su carrera en ellos. Otras veces porque las cabezas de dichos departamentos son hábiles negociadores.

Obviamente, los integrantes y, en especial, los jefes de los departamentos no favorecidos, pronto mostrarán su descontento, con todas las consecuencias que ello implica.

Siendo uno de los objetivos prioritarios de todo director el tratar de crear un equipo sólido y comprometido, tener departamentos favoritos simplemente hace inalcanzable dicho objetivo. Además, el sentimiento de descontento se permeará a todos los empleados, así que no sólo habrá recelo a nivel de los jefes sino también a todos los niveles de la organización.

Para mencionar un ejemplo, imaginemos que el departamento de ventas sea notoriamente favorecido por el director. Por otro lado, el departamento de almacenes y transportes no lo es. ¿Qué tipo de colaboración especial estará dispuesto a dar el personal de almacenes al personal de ventas cuando éste necesita surtir un pedido en extremo urgente?

Sólo puede prevalecer el espíritu de equipo en una empresa cuando el personal de todos los departamentos tiene la percepción de ser tratado de igual forma.

No Repartir Equitativamente las Cargas de Trabajo entre todo el Personal

Este error es motivado por la falta de un buen análisis de métodos, de puestos y de procedimientos.

En ocasiones se crean puestos y departamentos completos cuando la carga de trabajo aumenta por alguna razón que puede ser de carácter temporal o porque a algún "genio" se le ocurre que es absolutamente necesario crear un nuevo departamento (cualquier similitud con lo que ocurre en el gobierno es pura coincidencia). Con el tiempo, la carga de trabajo disminuye, en un caso, y en el otro, el departamento nuevo permanece inactivo porque nunca fue necesario. Sin embargo, el resto de los empleados observa y comenta que mientras ellos trabajan, el empleado que ocupa el puesto adicional o el personal del departamento recientemente creado, cobran sueldo sin trabajar.

Pero aún sin crear puestos o departamentos, el problema de la carga desigual se presenta en las organizaciones por la carencia de buena supervisión. Así vemos que los empleados responsables reciben la mayor carga de trabajo, mientras que los empleados perezosos hacen lo mínimo posible, en vez de que se les obligue a éstos a ser más productivos.

La empresa eficaz debe hacer un estudio de cargas de trabajo para reasignar las tareas de manera equitativa. Lo más probable es que al hacer este estudio, determine que le sobra personal en algunos departamentos, y que en otros están sufriendo por la falta de empleados. La solución a este problema consiste en reasignar a los empleados sobrantes a los departamentos que los necesiten, y si aún hay personas que sobren, separarlas de la empresa.

Tener una Estructura de Sueldos Injusta

Cuando existe una estructura de sueldos en la que se favorece a unos departamentos sobre otros, a pesar de que no haya una justificación, la motivación del personal discriminado tiende a caer por los suelos. Además, el resentimiento que experimentan afecta la productividad y abre las puertas a actos de sabotaje.

En muchas empresas pequeñas y medianas todavía se basan los sueldos en el favoritismo y en las situaciones de emergencia, como ocurre cuando un empleado valioso decide renunciar y se le retiene igualando el sueldo que le ofrecen en otro lado.

Muchos empleados deciden retirarse a pesar de la oferta de igualación del sueldo, porque se preguntan: ¿por qué tengo que amenazar con abandonar la empresa para que me aumenten el sueldo? Si ahora me lo ofrecen es porque consideran que es lo que debo ganar, entonces, ¿por qué no me lo dieron antes?

Toda empresa debe tener un tabulador con niveles; así, una secretaria del departamento de ventas que hace un trabajo similar a otra secretaria del departamento de compras debe ganar un sueldo similar al de ésta.

No hacerlo así conduce a trampas muy desagradables para todos los gerentes, quienes seguramente están sujetos a la misma política, lo que a su vez provoca envidias y conflictos entre ellos.

Además de lo anterior, existe la situación del nivel de sueldos que, cuando es menor al promedio de la industria en la que participa la empresa, suele haber descontento y, por ende, alta rotación del personal.

Algunos directores tienen como política contratar al empleado más barato que puedan conseguir. Cuando se les pregunta si no les preocupa la rotación, aducen que si hoy renuncia un auxiliar de contabilidad, por mencionar un ejemplo, mañana habrá 10 peleándose por el puesto a pesar del bajo salario.

Es muy probable que sea verdad pero, me pregunto ¿de qué calidad es el personal que labora en esa empresa? ¿de qué calidad es el trabajo que realizan?

No dar Importancia a la Capacitación del Personal

Las nuevas tecnologías han generado la necesidad de contar con habilidades adicionales en el personal. Pero no sólo el desarrollo tecnológico ha dado lugar a dicha necesidad. También la adecuación de la empresa a los embates de la competencia nacional y global hace necesario que el personal alcance un alto nivel de profesionalismo en todas las capas de la organización.

No entrenar a los empleados para asegurar el desarrollo futuro de la compañía, puede ser equivalente a inyectarse sangre proveniente de un enfermo de SIDA. No se sabe cuando, pero, tarde o temprano, el virus minará sus defensas inmunológicas y quedará expuesto a enfermedades mortales. En el caso de la empresa, tarde o temprano la competencia minará su posición en el mercado por no contar con un equipo humano motivado y capacitado para sostener o aumentar las ventajas competitivas que la empresa pudiera tener.

La extensa aplicación de las computadoras en los negocios ha incrementado la necesidad de capacitar al personal en este campo. Antes, a una secretaria le bastaba saber mecanografía, taquigrafía, archivonomía y correspondencia comercial. Ahora, debe conocer, además, el manejo de un procesador de palabras y de una hoja de cálculo por computadora. Y si el jefe tiene inclinación tecnológica, la secretaria deberá aprender a utilizar otros programas de computación.

Toda inversión realizada para incrementar la capacidad técnica, administrativa y humana del personal redundará en amplios beneficios para la compañía. Incluso, me atrevo a decir que es mejor inversión que la empleada en compra de equipo, porque el personal capacitado aprovechará mejor el equipo existente.

No Disciplinar cuando es Necesario

En las empresas como en las familias, la falta de voluntad para aplicar medidas disciplinarias cuando la situación lo requiere, propicia la creación de hábitos nocivos que perjudican a la organización de manera muy notable.

Algunos directores temen disciplinar o lo hacen de manera muy tímida por tener un carácter débil. Otros lo hacen por diferentes razones. En una compañía a la que llegué como director general, el anterior director, de origen extranjero, eludía toda acción disciplinaria y se ponía muy nervioso cuando se le presentaba un caso que ameritaba tal acción.

Me imagino que, por ser extranjero, temía que al tener un conflicto laboral, su situación legal en el país podría verse amenazada. El resultado de esa falta de acción causó una serie de problemas de corrupción, baja productividad, desorden y descontrol en esa compañía, que tomó mucho tiempo y valor desterrar de la organización.

Disciplinar cuando es necesario es absolutamente requerido, y cuando un director no se atreve a hacerlo, estará eludiendo una de sus principales responsabilidades directivas, por lo que debe ser separado de su posición si no modifica su comportamiento, porque el perjuicio que puede ocasionarle a la empresa puede ser muy grande en todos los aspectos.

Permitir que el Rumor sea el Medio de Comunicación en la Empresa

Nada es más peligroso para una empresa que contar con un sistema de comunicación interna basado en el rumor.

El rumor es capaz de destruir países, con mayor razón empresas; por ello es vital desterrarlo de la organización tan pronto como sea posible si es que ya ha hecho nido.

Pero lo mejor es prevenirlo, y para lograrlo es necesario contar con sistemas formales de comunicación a todos los niveles y entre todos los departamentos.

El punto de partida debe ser el establecimiento de un sistema de puertas abiertas en toda la empresa, de manera que cualquier empleado tenga acceso a los jefes de las distintas capas organizacionales, incluido el director general.

De esta forma, un empleado inquieto o inconforme puede plantear sus problemas y dudas a su jefe y al jefe de éste, y así sucesivamente hasta encontrar una solución o explicación.

Además, todos los jefes deben comunicar a su personal todo aquello que afecte a la empresa y, por ende, a los empleados. A veces hay temas difíciles, como puede ser el reajuste de personal, pero es mucho mejor decirlo como es que permitir que los empleados lo interpreten y propaguen a su manera.

El director general debe ser el primero en poner en práctica esta costumbre, porque si la desinformación proviene de los niveles altos, al llegar a las capas inferiores se convierte en un problema de suma gravedad.

Cuando un empleado siente que se le oculta información, automáticamente pierde confianza en sus superiores, y la desconfianza es el gran generador de desmotivación e inconformidad.

Creer que se Pueden Ganar Todas las Demandas Laborales

Este error ha costado mucho dinero y disgustos a empresas que han creído que pueden ganar todas las demandas laborales.

Aun en situaciones en las que el empleado despedido haya salido de la empresa por causas justificadas, las leyes laborales tienden a favorecerlo. De alguna manera esto es razonable, pues de otra manera se cometerían muchas injusticias con el personal.

Es responsabilidad del director, en consulta con el departamento de personal y los abogados laboralistas, determinar en qué casos existe una alta posibilidad de ganar una demanda. Si la cantidad de dinero no es considerable, es mejor llegar a un acuerdo rápido para evitar un pleito largo en el que existe la probabilidad de perderlo y de pagar una cantidad muy superior por salarios caídos, indemnización y honorarios de los abogados.

En estas decisiones interviene mucho el orgullo de la dirección. Más de un director pensará: "¿Cómo va a ganarnos un pobre empleadillo? Iremos adelante con la demanda cueste lo que cueste". Y en verdad, costará.

Errores y Omisiones en el Area de Operaciones

Dejar la Responsabilidad de la Productividad Sólo en Manos de los Empleados

Los acuerdos de productividad entre patrones y empleados pueden ser armas de dos filos, pues el empresario, al firmar un acuerdo mal elaborado, puede lavarse las manos de toda responsabilidad relacionada con el aumento de la productividad. O bien, puede ver en los bonos de productividad una buena manera para no aumentar los sueldos, aduciendo que si el personal quiere más ingresos debe generarlos con su productividad. Esto no es malo si el empresario suministra los elementos requeridos, tales como los siguientes:

* La modernización de la estructura organizacional
* La facultación del personal
* Los recursos tecnológicos
* Las condiciones físicas de trabajo adecuadas
* Un ambiente de trabajo que propicie el bienestar mental
* Una distribución justa de los beneficios de la mayor productividad

Si el empresario no provee lo anterior, no sólo no conseguirá mayor productividad, sino que se expondrá a serios conflictos laborales que pueden llegar hasta la huelga, lo que para muchas empresas significaría la muerte.

El empresario debe comprender que la productividad es una calle de dos sentidos, y que es él quien debe dar los primeros pasos, porque es el más interesado en que su empresa tenga alta productividad. A los empleados lo que les interesa es conservar el empleo y tener el mayor ingreso posible y, desde luego, progresar. Entonces, es utópico pensar que una persona se contrata con nosotros porque desea hacer que nuestra empresa prospere; por tanto, no podemos esperar realistamente que el personal, por su cuenta y riesgo, eleve la productividad.

No Integrar la Calidad en el Diseño del Producto y en los Procesos de Producción

La ganancia que pueda generar la venta de un producto puede desaparecer por el costo de reparación de las fallas que puede presentar al ser utilizado por el consumidor.

En ocasiones escuchamos o leemos que compañías tan importantes en Estados Unidos como la General Motors, se ven obligadas a recoger cientos o miles de productos porque detectan una falla que afecta todas las unidades de un cierto lote de producción. El costo de hacerlo es enorme, pero lo hacen, primero porque la ley se los exige y, segundo, porque tienen una gran conciencia de servicio. Cuando veamos que esto ocurre en nuestro país sabremos que al fin pertenecemos al primer mundo.

Para evitar estas situaciones que a empresas más pequeñas puede afectar mortalmente, es absolutamente necesario que desde el diseño del producto se consideren todas las posibilidades de falla, para resolverlas en esa etapa antes de pasar al proceso de producción.

Existen técnicas para hacerlo. El Dr. Genichi Taguchi ha desarrollado en Japón métodos para integrar la calidad en el diseño del producto y en todas las etapas de su fabricación. Hacer el esfuerzo para implementar estas técnicas puede redituarle enormes beneficios por el ahorro que significa no tener que corregir fallas del producto después de la venta, y por la satisfacción de sus clientes al no tener problemas con el producto.

Reducir el Costo del Producto a Costas de la Calidad

Cuando una empresa tiene problemas de rentabilidad y de liquidez, una de las soluciones que viene primero a la mente del Director es reducir los costos y los gastos.

La tentación de disminuir los costos de fabricación es muy grande porque, después de reducir los gastos de operación al mínimo, hacer eso es la única opción que queda. Y como opción es buena siempre que se haga con cuidado, pues siempre existe la posibilidad de negociar mejores precios con los proveedores, o de hacer ajustes en los procesos de producción que redunden en ahorros.

Pero si se busca la reducción de costos haciendo cambios que disminuirán la calidad del producto, en el pecado se llevará la penitencia, porque muy pronto habrá un rechazo generalizado del producto por parte de los consumidores.

En un caso que conocí de cerca, el presidente de una compañía editorial decidió, para bajar los costos, cambiar el tipo de papel que se utilizaba en la producción de libros de texto. De un papel blanco pasó a un papel amarillento, poco atractivo a la vista. El costo sí disminuyó, pero empezó a haber un reclamo generalizado por parte de los clientes, lo que resultó en una baja de ventas. Otras editoriales se vieron también tentadas a cambiar a ese papel pero se contuvieron, para su fortuna. Hoy, ese tipo de papel ha sido descontinuado, lo cual ha provocado un fuerte incremento al costo de la editorial que lo utilizaba pues ahora se ve obligada a emplear un papel más caro.

No Tratar de Estandarizar las Partes o Componentes del Producto

Mientras más partes diferentes tenga un producto, más costosa será su producción y mayor el problema para darle mantenimiento después de su venta al cliente.

Los costos asociados con la producción del producto son mayores cuando se utilizan más componentes ya que se complica el proceso de adquisición, de almacenamiento, de surtido, de ensamble y de prueba.

Una de las razones del éxito de las empresas japonesas ha sido precisamente que han sabido reducir el número de componentes y estandarizar los mismos. Además, con el sistema de Justo a Tiempo, han logrado reducir al mínimo los inventarios de partes y componentes. El ahorro implícito de dinero y de tiempo es evidente.

En cuanto al control de los inventarios, es obvio que el tener un menor número de partes, y al ser éstas lo más estándar posible, dicho control se simplifica.

Pero también el control de calidad se simplifica ya que se requiere la observancia de un menor número de especificaciones y normas para realizarlo.

Adquirir Equipo Costoso Inadecuado para las Necesidades de la Empresa

No es poco común encontrar empresas que han adquirido equipo y maquinaria de alto costo, sólo para descubrir, después de instalado, que no producía el resultado deseable.

Cuando yo trabajaba en la industria química, adquirimos un costoso equipo de bombeo para una nueva planta que construimos en una ciudad del sureste del país. Todo indicaba que era el equipo adecuado; sin embargo, cuando lo pusimos a operar, descubrimos que no producía los resultados que habíamos previsto, y fue necesario hacerle ajustes costosos en términos de tiempo y dinero para que nos diera el rendimiento mínimo aceptable.

En el caso de los sistemas de cómputo esta situación solía presentarse con mucha frecuencia, particularmente cuando las empresas empezaron a utilizar computadoras diseñadas para aplicaciones científicas. Pero aún ahora, el problema continúa presentándose, principalmente por la enorme cantidad de charlatanes que hay en esta industria y por el gran desconocimiento que aún existe entre empresarios y directores acerca de este campo.

A algunas compañías les queda grande su equipo, más que nada por el costo de operación. A otras les queda chico, en cuyo caso, si el equipo no es expandible, tienen que "tirarlo a la basura" y comprar otro.

Cuando es necesario adquirir equipo o maquinaria de alto costo pero vital para la empresa, no se debe decidir sin hacer investigación. Cualquier análisis es bienvenido y deseable, y se deben emplear todo el tiempo y recursos que sean necesarios para asegurarse de que el equipo o maquinaria satisfará las necesidades correctamente y al menor costo posible.

Utilizar Materia Prima y Componentes de Difícil Adquisición

Muchas empresas han desaparecido o, por lo menos, han sido afectadas considerablemente cuando la única fuente de materia prima ha cesado sus suministros.

La experiencia demuestra que es más seguro utilizar materiales estándar que aquellos que son escasos, que deben ser hechos a la medida, o que sólo un proveedor puede suministrar.

Cuando es absolutamente necesario utilizar materiales no estándar, es obligatorio tomar medidas precautorias que van desde adquirir grandes existencias del material hasta la fusión con el proveedor.

Cuando se diseña el producto debe considerarse este dilema, preguntándose si se puede correr el riesgo de emplear materia prima y componentes que no sean fáciles de conseguir. Si el producto ya existe, la misma pregunta se aplica. Y si la respuesta es NO, debe rediseñarse el producto para emplear otros componentes y materiales que se puedan conseguir con mayor facilidad. No hacerlo podría poner a la empresa en la vía de la extinción.

No Renovar el Equipo cuando es Requerido

Muchas veces por falta de visión; otras, por la canalización de los recursos monetarios a otras actividades, incluyendo actividades suntuarias o superfluas, la planta industrial se deja envejecer. Y cuando esto ocurre, la posición competitiva de la empresa se vuelve muy endeble por las siguientes razones, entre otras:

- El costo aumenta en relación al costo de otros productos que compiten con el nuestro directamente.
- El costo de mantenimiento se incrementa; incluso, algunas máquinas deben retirarse de la línea de producción por falta de refacciones.
- El cumplimiento de los programas de producción se ve afectado por las fallas de la maquinaria.

- La calidad de los productos se reduce por los continuos desajustes del equipo.
- Las mermas se incrementan considerablemente.
- La productividad de los obreros disminuye por los tiempos muertos.
- Los riesgos de accidente también aumentan por el estado de la maquinaria.

Cuando se tiene equipo con tecnología actual, se obtienen ventajas importantes, tales como:

- Costos más bajos.
- Flexibilidad en los procesos.
- Facilidad de mantenimiento por la disponibilidad de partes.
- Mayor calidad de los productos fabricados con el equipo.
- Menores mermas.
- Mayores posibilidades de actualización.
- Mayor productividad del personal e, incluso, mayor motivación.

Depender de un Solo Proveedor

Tener un sólo proveedor para un producto, parte o componente puede parecer buena idea. Las razones son muchas. Dos de ellas pueden ser que se logre una excelente relación con el proveedor y que el proceso de compras se simplifique. Sin embargo, los riesgos pueden ser enormes si no se toman las precauciones necesarias.

Antes de "casarse" con un proveedor único es necesario tomar en consideración lo siguiente:

- ¿Qué tan sólida financieramente es la empresa proveedora?
- ¿Qué tan actualizada está tecnológicamente?
- ¿Cómo es la relación con sus empleados?
- ¿Ha tenido huelgas en el pasado?
- ¿Quiénes son sus clientes?
- ¿Qué tan capaz y cimentada es la gerencia de la empresa?
- ¿Qué riesgos existen de que la empresa cese sus operaciones temporal o definitivamente?
- ¿Qué tanto se vería afectada nuestra empresa si ocurriera lo anterior?
- ¿Se cuenta con alguna alternativa en caso de que la empresa ya no pueda surtirnos?
- ¿Qué tipo de contrato se puede hacer con la empresa para garantizar la entrega y evitar fluctuaciones de precio gravosas?
- ¿Qué tan estricto es su control de la calidad?

Muchas empresas grandes han obtenido grandes beneficios contratando proveedores pequeños; pero gran parte de su éxito lo deben a que el cliente participa activamente como consultor del proveedor en aspectos como control de calidad, procesos de manufactura, controles administrativos, etc. De esta manera, se aseguran de tener a sus proveedores bajo su control; incluso, se da el caso de que el cliente adquiera en propiedad al proveedor, logrando así la integración vertical.

Subutilizar los Activos de la Empresa
(Locales, equipo de oficina, maquinaria, vehículos)

Los activos fijos, al igual que los recursos humanos, si no se aprovechan al 100%, producen improductividad del capital.

Espacios no ocupados, máquinas y vehículos parados o subutilizados se encuentran en casi todas las empresas, y el costo de tenerlos no aparece explícitamente en ningún reporte, pero puede ser estratosférico.

Es dinero inactivo que pierde valor cada día. Es capital improductivo que reduce la rentabilidad sobre la inversión.

El director debe hacer recorridos periódicos por todas las instalaciones de la empresa con la intención expresa de detectar esos activos improductivos y, en cuanto los identifique, debe tomar la acción pertinente, la cual puede consistir en venderlos o en darles algún uso productivo.

Crear Inventarios de Alto Riesgo

Los inventarios de mercancía son, sin duda, la materia prima con que se fabrican las utilidades de la empresa; pero también pueden representar la materia prima de las pérdidas si no se planean adecuadamente.

Un mal pronóstico de ventas puede dar por resultado la creación de inventarios muy superiores al verdadero potencial de ventas.

En un caso, una empresa perdió la licencia para fabricar una importante línea de productos, la cual estaba perfectamente posicionada en el mercado, y cuyo prestigio databa de varios años.

La dirección de la compañía decidió producir una línea de productos para reemplazar a la que perdió; sin embargo, dicha línea no estaba probada y se enfrentaba a una competencia feroz. Con todo, se fabricó un enorme volumen de unidades de producto, dando por resultado existencias para más de 3 años, con las siguientes consecuencias:

- Se congeló una gran cantidad de dinero.
- Se produjo un cambio en las necesidades del mercado, lo que hizo más lento el desplazamiento del producto.
- Se produjeron pérdidas por primera vez en la historia de la empresa.

Al planear la producción de inventarios es importante considerar los siguientes factores:

- Posibilidades reales de venta.
- Posibilidades de obsolescencia temprana.
- Capacidad financiera.

No Contar con un Sistema Adecuado para el Control de los Inventarios

Los inventarios son los activos más desprotegidos de todos. A menos de que el producto consista en equipo grande y pesado, es fácil para un empleado escamotear mercancía, y más fácil es cuanto más pequeña sea.

Un empleado deshonesto, en contubernio con un vigilante, puede robar cantidades enormes de producto en un periodo de tiempo relativamente corto.

A veces, cuando la Dirección se da cuenta del desfalco, el monto robado puede ascender a cantidades de dinero muy grandes, y pudieron haber transcurrido varios años.

Esta situación puede evitarse o, por lo menos, disminuirse, efectuando tomas selectivas y sorpresivas de inventario y, de vez en cuando, deteniendo a los vehículos de transporte en la calle para verificar que la mercancía que lleva coincida con las facturas o remisiones. Esta no es una medida muy popular entre los empleados del almacén y del departamento de transportes, pero es necesario realizarla para dar a entender que existe el control y que no será fácil robar sin ser descubierto.

El kárdex que se suele tener en el almacén es sólo un auxiliar; no puede ni debe ser el principal registro de inventario, el cual debe estar en el departamento de contabilidad.

El control de la mercancía devuelta al almacén es también vital, pues si los empleados del almacén se dan cuenta de que no se tiene bajo control, fácilmente pueden sustraer mercancía, con la esperanza de no ser descubiertos, o confiando en que la probabilidad de serlo es pequeña.

Utilizar Materiales de Menor Calidad o Resistencia que lo Especificado

Esto ocurre con cierta frecuencia en las obras públicas. Bástenos recordar, con ira y tristeza, lo que eso provocó durante el terremoto del 19 de septiembre de 1985. Docenas de edificios se derrumbaron y miles de personas murieron porque los constructores de muchos de esos edificios, en contubernio con funcionarios corruptos, utilizaron materiales que no cumplían con las normas de construcción. Y aun cuando no hayan sido perseguidos por la ley, ¿podrán tener paz interior esos contratistas deshonestos por cuya causa murieron tantas personas?

En Estados Unidos esto ha ocurrido también por parte de muchos contratistas del departamento de Defensa. Incluso, empresas de la magnitud de General Dynamics se han visto involucradas en situaciones de este tipo.

Veía en televisión que un contratista del Departamento de Defensa Americano estaba sujeto a un proceso penal por haber fabricado balas defectuosas en un intento por lograr mayores ganancias. Dichas balas, que son disparadas por los tanques de guerra, hubiera causado más bajas en la Gerra del Golfo Pérsico que las causadas por las tropas iraquíes.

El contratista no sólo está en peligro de pasar muchos años en la cárcel, sino que también ha perdido su empresa y, con ello, el empleo de muchas personas. Me pregunto, ¿cuánta ganancia adicional justifica la pérdida de la libertad, el bienestar de nuestra familia, la pérdida de nuestro patrimonio y el bienestar de las familias que dependen de nuestra empresa?

No Revisar Periodicamente la Estructura Organizacional y los Procesos de la Empresa

Las personas, para mantener la salud, deben vigilar continuamente su peso, su presión arterial, sus niveles de azúcar, su ritmo cardiaco y otros indicadores metabólicos y, cuando es necesario, hacen los ajustes que su médico sugiere para conservarse sanas.

Las empresas deben ser como esas personas, en el sentido de que deben someterse a exámenes periódicos que determinen el estado de su salud. Las auditorías normales no bastan porque no llegan hasta el fondo. He visto quebrar empresas cuyos auditores —muy reconocidos, por cierto— no anticiparon el inminente fracaso de sus clientes, a pesar de un sinnúmero de "focos rojos".

La mayoría de las empresas llegan a anquilosarse a tal grado que es muy difícil cambiarlas. Tienen una inercia tan poderosa, que se resisten a modificar la manera de operar, hasta que un evento traumático las despierta y, ya forzadas, cambian, pero sólo lo indispensable para sobrevivir.

Hace falta un director con gran determinación para sacudir a una organización complaciente que, dormida en sus laureles, no ve que la competencia está a punto de masacrarla. Claro que es necesario advertir que no se puede llegar a una empresa y empezar a hacer cambios a diestra y siniestra, salvo cuando la empresa está agonizante y hay que operar de emergencia para que no se muera la paciente.

Existe ahora una metodología —de hecho hace mucho que existe, pero con otro nombre y más orientada a la manufactura que a la organización total— que permite a las empresas no sólo diagnosticar los problemas estructurales y procesales sino también rediseñar toda la organización y sus procesos. Se le conoce con el nombre de Reingeniería de Negocios y es un concepto de los más actuales en la administración de empresas.

Se le conoce como reingeniería porque utiliza los métodos de las ciencias ingenieriles para rediseñar las organizaciones. Es decir, se lleva a cabo en fases de análisis, diseño, prueba, comparación de opciones, selección e implantación de la opción elegida.

Esta disciplina brinda al empresario un método confiable, aunque no barato, para diagnosticar y curar las enfermedades ocultas, y no tan ocultas, de su organización. Pero se debe tener cuidado de no caer en manos de seudoexpertos en las técnicas de la reingeniería porque, como ha ocurrido con los sistemas de la Calidad Total, surgirán consultores inexpertos que ofrezcan su servicio de asesoría, los cuales, en vez de remediar la situación pueden causar mayores problemas a la empresa y, a pesar de ello, cobrar por su trabajo.

Apéndices de Autoconsultoría

Los Síntomas de las Crisis Empresariales

- Falta de liquidez
- Disminución de las ventas
- Aumento de los costos
- Incremento de los gastos de operación
- Alta rotación de personal
- Renuncia de ejecutivos
- Aumento de quejas de los clientes
- Aumento en las devoluciones
- Pérdida de clientes importantes
- Aumento en la cartera vencida
- Incremento en las mermas y desperdicios
- Fallas continuas de los equipos
- Roturas continuas de stocks
- Conflictos laborales constantes
- Malas relaciones con sus distribuidores
- Deterioro de las instalaciones
- Problemas con Hacienda, IMSS, INFONAVIT, etcétera
- El personal no trabaja más de 8 horas
- Robos de mercancía
- Problemas de calidad en los productos
- Renuencia de bancos a otorgar créditos

- ❑ Conflictos interpersonales
- ❑ Pugnas interdepartamentales
- ❑ Falta de respeto a los jefes
- ❑ Impuntualidad e inasistencias constantes
- ❑ Rumores de quiebra entre competidores
- ❑ Marcado estrés en los jefes
- ❑ Contabilidad y reportes desactualizados
- ❑ Muchos errores en todos los procesos

El Perfil de la Empresa Sana

La rotación de personal es mucho menor que el promedio de su industria.

El nivel de repetición de compra por parte de sus clientes es alto

Su nivel de costos es menor que el promedio de la industria

Nunca tiene crisis de liquidez

Se adapta rápidamente al cambio

Se anticipa a los eventos del futuro

Su producto/servicio tiene importantes ventajas competitivas

Su nivel de cuentas por cobrar vencidas es mínimo

La calidad total es parte de su cultura organizacional

El personal se considera parte de una gran familia

El director general y sus gerentes son vistos como líderes, no como capataces

La innovación es estimulada y los resultados son recompensados

El personal tiene salarios por arriba del promedio de la industria

Nadie es indispensable, ni el director mismo

Produce utilidades superiores a las de otras opciones de inversión

Sus utilidades son de alta calidad

Los clientes la consideran de alta calidad en sus productos y servicios

La empresa crece a una tasa superior a la de la inflación

Tiene un apalancamiento financiero óptimo

Utiliza sus recursos de manera óptima

Su pirámide organizacional es plana

"Vive" cerca de sus clientes y sus proveedores

Prontuario
para la Prevención de Problemas

Cómo prevenir problemas de desarrollo

* Prepare planes estratégicos a tres años y presupuestos financieros y económicos anuales, y revíselos cada tres meses
* Trate de leer las tendencias del entorno
* Anticípese a los cambios tecnológicos
* No se aferre a estrategias que no empiecen a producir resultados casi de inmediato
* No trate de crecer sin tener los recursos económicos, materiales, humanos y gerenciales requeridos

Cómo prevenir problemas de personal

* Ponga el ejemplo
* Déjese ver
* Interésese en los problemas del personal y exija que los jefes hagan lo mismo
* Capacite a todo el personal
* Genere un ambiente agradable de trabajo
* Mantenga informado a todo el personal
* Trate de compensar al personal al nivel del promedio de la industria o más si le es posible
* Hágales ver al Delegado y al Líder sindicales que están en el mismo "barco"
* Nunca engañe al personal
* Tenga un sistema de reconocimientos para todo el personal, por productividad e iniciativa

* Haga participar al personal en el desarrollo de los procedimientos y en la solución de los problemas
* Sea flexible en la aplicación de las políticas de personal
* Estimule el sentido de urgencia
* Tenga un número de empleados tal que todos tengan ocupación durante ocho horas por lo menos, todos los días
* Sea muy cuidadoso al seleccionar personal. Siempre entreviste a todos los candidatos
* Autorice personalmente todos los cambios de sueldo y las prestaciones y compensaciones extraordinarias
* Brinde al personal todas las comodidades para que hagan a gusto su trabajo
* Despida a aquellos jefes que insistan en seguir actuando como capataces
* Celebre con el personal los logros de la empresa
* Despida cuanto antes a las "manzanas podridas"
* Discipline en privado, pero asegúrese de que el personal se entere

Cómo prevenir problemas financieros

* Evite el apalancamiento financiero excesivo
* Vigile el costo real promedio de las ventas
* Autorice todos los egresos que sobrepasen una cierta cantidad de dinero
* Trate de firmar todos los cheques; si no puede hacerlo, por lo menos revise las pólizas correspondientes
* Tenga debidamente asegurados todos los activos de la empresa

* Utilice todos los financiamientos "blandos" que pueda conseguir
* Vigile diariamente las ventas, las disponibilidades de efectivo y la cobranza
* Cumpla estrictamente con la ley
* Sea agresivo en la cobranza
* Mantenga "apretado el cinturón", aun en los tiempos buenos
* No fabrique más de lo que pueda vender
* Convierta en efectivo los activos improductivos y los inventarios obsoletos o de lento movimiento
* Revise sus precios tan frecuentemente como las condiciones del entorno lo demanden
* Identifique todos los ingresos y gastos atípicos
* Administre con el balance general
* Tenga bien identificadas las actividades que producen dinero y las que lo consumen

Cómo prevenir problemas administrativos

* Tenga un manual de políticas generales, pero que sean flexibles
* Tenga procedimiento para todas las actividades y procesos de la empresa
* Utilice un sistema de información contable y operacional de tiempo real
* Presupueste sobre bases reales y con vistas al futuro
* Trate de tener controles dobles para todo

* Realice autoauditorías semestrales
* Capacite en temas administrativos a todos los jefes

Cómo prevenir problemas comerciales

* Prepare planes comerciales anuales y revíselos cada tres meses
* Haga que todo su personal tenga una orientación a ventas
* Ofrezca a sus clientes más de lo que esperan recibir por su dinero
* Concéntrese en las ventajas competitivas de su empresa
* Asegúrese de tener qué vender, todo el tiempo
* Venda sólo lo que pueda cobrar
* Asegúrese de que su producto esté bien exhibido en los puntos de venta
* Promueva y publicite su producto lo más que pueda y en cuanta oportunidad se le presente, pero sólo gaste en lo que tiene una alta probabilidad de generar beneficios
* Estimule a todos los empleados que tienen que ver con el sevicio al cliente, desde los vendedores hasta los repartidores
* Analice frecuentemente el comportamiento y rentabilidad de cada producto o línea de productos
* Verifique usted mismo la calidad de su servicio
* Entérese de todas las quejas de los clientes
* Lea toda la correspondencia que llega a la empresa
* Platique frecuentemente con los vendedores y con los repartidores

Cómo prevenir problemas de operaciones

* Mantenga el equipo en buen estado mediante servicios preventivos periódicos
* Asegúrese de que el producto es de calidad desde el diseño
* Estimule a los operarios a mejorar continuamente
* Asegúrese de que se está operando al menor costo posible, de acuerdo a los parámetros de calidad requeridos
* Verifique personalmente la calidad de todos los insumos y servicios contratados externamente
* No dependa de un solo proveedor para cada insumo
* Estandarice todo lo que pueda
* No tenga inventarios excesivos de partes, materias primas o componentes
* Mantenga un sistema de control estricto de inventarios y asegúrese de que el personal lo sepa
* Haga tomas de inventario selectivas e inesperadas
* Cuando vaya a adquirir un equipo nuevo, asegúrese de que sea exactamente lo que necesita
* Trate de estar al día en nuevas tecnologías, pero no se apresure a comprar nuevo equipo sólo porque es lo último en su campo
* Mantenga limpias y libres de riesgos todas las instalaciones
* De vez en cuando pare a sus vehículos de transporte en la calle y coteje lo que transportan contra las facturas o remisiones

Cómo prevenir problemas personales

* Utilice listas de pendientes actualizadas
* Planee semanal y diariamente sus actividades y no asuma compromisos que no pueda cumplir sin alterar mucho su programa
* Delegue lo necesario y haga seguimiento de todo lo delegado. Recuerde que los resultados no se esperan, se supervisan
* Utilice una bitácora
* Consígase una secretaria/asistente supereficaz
* Consígase gerentes de área que piensen como usted, pero que estén dispuestos a hacerle ver sus errores
* Nunca abuse de su autoridad
* Peque de honesto
* No demuestre favoritismo hacia ninguna persona o departamento
* Esté en el centro de la acción y esté enterado de todo lo que pasa en la empresa
* Nunca mienta ni esconda problemas a su Consejo de Administración
* Dese tiempo para disfrutar su dinero. Recuerde que el estrés y el trabajo excesivo lo pueden matar

El Plan de Negocios

El primer paso en la preparación de un plan de negocios es asumir una actitud de objetividad total. Para esto es necesario "poner firmemente los pies en la tierra" y estar dispuesto a decir lo que no quiere escuchar, aunque le duela. Esto se requiere porque cuando uno tiene el "gusanito" de iniciar un negocio, cierra los ojos y los oídos a la realidad, a todo aquello que pueda disuadirlo de olvidarse del asunto.

Un plan de negocios eficaz debe dar respuesta a las siguientes preguntas:

¿Por qué quiero ser empresario? ¿Es porque no tengo otro empleo o porque realmente siento el espíritu emprendedor?

¿Qué producto voy a fabricar/distribuir? ¿Qué tiene de especial comparado con el de la competencia? ¿Qué necesidades o deseos de los consumidores satisface? ¿Por qué los clientes preferirán comprármelo a mí y no a la competencia? ¿Qué tan avanzado está tecnológicamente? ¿No se hará obsoleto en el corto plazo?

¿Puedo producir el producto eficazmente en cuanto a costo y calidad? ¿Poseo la tecnología de producción adecuada? ¿Qué tan rápido cambia la tecnología de producción? ¿Qué tan rápido se volvería obsoleta mi tecnología? ¿Podré conseguir siempre las materias primas y los componentes de mi producto? ¿Dependeré de un solo proveedor? Si el proveedor me falla, ¿qué alternativa tengo?

¿Qué mercado voy a atender? ¿Qué tan grande es? ¿A qué velocidad crece? ¿Dónde está localizado geográficamente? ¿Cuál es su poder de compra? ¿Qué tan sensible es a los precios? ¿Cómo está segmentado? ¿Atenderé todos los segmentos o me concentraré en un solo nicho? ¿Qué ventajas tendría en ese nicho? ¿Qué tanto pudiera interesar ese nicho a los competidores grandes? ¿Qué tanto dominio de los clientes grandes tienen los competidores? ¿Puedo romper ese dominio? ¿Realmente tendré capacidad de distribución de mi producto? ¿Tendrá mi producto un precio adecuado para el mercado?

¿Cómo voy a promover mi producto? ¿Se requiere hacer publicidad para vender este tipo de producto? ¿Cuáles son las motivaciones principales de los clientes para este producto? ¿Qué tan especializados deben ser los vendedores de este tipo de producto? ¿Tengo yo mismo la experiencia para vender este producto? ¿Tengo ya una buena cartera de clientes? ¿Por qué habrían de preferirme a mí? ¿Cúanto estimo vender por mes, por año? ¿Es suficiente para que la empresa sea viable? ¿Puedo hacer un presupuesto de ventas para un año, para dos, para cinco años? ¿Es realista o esta basado en mi ilusión y mis buenas intenciones?

¿Tengo o puedo conseguir las instalaciones necesarias para fabricar y distribuir el producto? ¿Están bien localizadas? ¿Puedo tener oficinas adecuadas para apoyar las operaciones del negocio? ¿Puedo obtener a costo razonable todo el equipo de oficina requerido para administrar eficazmente? ¿Qué equipo de distribución requiero? ¿Puedo conseguirlo a costo razonable? ¿Ya pensé en todos los servicios que se necesitan? ¿Ya tomé en consideración su costo real?

¿Tengo o puedo conseguir el personal necesario para tener una operación efectiva? ¿Quién se encargará de la administración? ¿Estoy capacitado como gerente? ¿Puedo conseguir personal gerencial eficaz y de costo razonable? ¿Conozco los costos ocultos del personal? ¿Podré absorberlos?

¿He hecho el cálculo preciso del capital que requiero para arrancar el negocio y para mantenerlo mientras se vuelve autosuficiente? ¿Ya tomé en cuenta todos los gastos que pueden surgir y que no son tan obvios? ¿Consideré ya los efectos de la inflación en mi negocio? ¿Calculé con precisión los costos de producción? ¿Qué garantía tengo de que los precios de las materias primas no cambiarán de la noche a la mañana? ¿Podré transferir al precio todo el costo de producción y los gastos de operación correspondientes? ¿Puedo identificar todos los gastos atípicos que se pueden presentar en este tipo de negocio? ¿Estoy considerándolos en el precio? ¿Realmente el precio de mi producto generará utilidades? ¿Lo comprobé mediante presupuestos económicos y financieros alternativos? ¿Tengo planes de contingencia por si algo no sale como lo he planeado?

¿Tengo o podré conseguir el dinero necesario para sostener a la empresa hasta que genere sus propios recursos? ¿A qué costo puedo conseguir el dinero, en caso de ser necesario? ¿Aguantará la empresa el costo del financiamiento? ¿Cuándo espero que la empresa sea autosuficiente? ¿Es realista mi estimación? ¿En qué me estoy basando para predecirlo? Y si falla la predicción, ¿qué puede ocurrir?

¿Quiénes serán mis socios? ¿Realmente estoy dispuesto a convivir empresarialmente con ellos? ¿Qué dificultades pueden presentarse entre nosotros? ¿Qué vías de escape tengo en caso de que no nos entendamos? ¿Hasta dónde podrán intervenir en la administración y operación del negocio?

¿Ya consideré todos los aspectos legales del negocio? ¿Qué regulaciones afectarán a la empresa? ¿Podremos cumplirlas? ¿Qué riesgos corren mi patrimonio personal y mi persona por entrar en este negocio? ¿Qué tanto estará sujeto el negocio a inspecciones del gobierno? ¿Estoy dispuesto a vivir con la corrupción de malos servidores públicos?

Obviamente, estas no son todas las preguntas que se pueden hacer, pero son suficientes para decidir si se continúa con el proyecto o si, de plano, se abandona y se busca otro negocio o un empleo. Lo que es importante es poner las respuestas por escrito y meditarlas profundamente, porque van de por medio muchas cosas: el patrimonio, la salud física y mental, y hasta el matrimonio.

Impreso en:
Programas Educativos, S.A. de C.V.
Calz. Chabacano No. 65 Local A
Col. Asturias 06850 - México, D.F.
1000 ejemplares
México, D.F., Marzo, 1997
Empresa Certificada por el
Instituto Mexicano de Normalización
y Certificación A.C., bajo la Norma
ISO-9002: 1994/NMX-CC-004: 1995
con el Núm. de Registro RSC-048